# El desafío de amar

EDICIÓN ACTUALIZADA Y REVISADA POR EL AUTOR

EL LADO B DEL AMOR

Gabriel Rolón

# El desafío de amar

DIANA

Obra editada en colaboración con Editorial Planeta – Argentina

Título original: *Encuentros (El lado B del amor)*



Concepto editorial: Anónima Content Studio
Diseño e imágenes de portada: Óscar Abril / BaPstudio.co
Fotografía del autor: © Alejandro Palacios
Formación: Liz Estrada
Ilustraciones de interiores: Diego Martínez García
Diseño de maquetación: Ale Ruiz Esparza


Bajo el sello editorial DIANA M.R.
Avenida Presidente Masarik núm. 111,
Piso 2, Polanco V Sección, Miguel Hidalgo
C.P. 11560, Ciudad de México
www.planetadelibros.com.mx

Segunda edición impresa en Argentina: mayo de 2012
ISBN: 978-950-49-2836-2

Primera edición impresa en México: agosto de 2025
ISBN: 978-607-39-3148-9



Impreso en los talleres de Litográfica Ingramex, S.A. de C.V.
Centeno núm. 162-1, colonia Granjas Esmeralda, Ciudad de México
Impreso en México – *Printed in Mexico*

*A mi maestro, Horacio Manfredi,*
*quien compartió conmigo su conocimiento*
*y me contagió la ética y la pasión*
*por el psicoanálisis.*

*Si no creyera en lo más duro,*
*si no creyera en el deseo,*
*si no creyera en lo que creo,*
*si no creyera en algo puro.*

*Si no creyera en cada herida,*
*si no creyera en la que ronde,*
*si no creyera en lo que esconde,*
*hacerse hermano de la vida.*

*Si no creyera en quien me escucha,*
*si no creyera en lo que duele,*
*si no creyera en lo que quede,*
*si no creyera en lo que lucha.*

*Si no creyera en lo que agencio,*
*si no creyera en mi camino,*
*si no creyera en mi sonido,*
*si no creyera en mi silencio…*

Silvio Rodríguez

# ÍNDICE

# PRÓLOGO DE LA NUEVA EDICIÓN

Reescribir un libro genera la milagrosa ilusión de volver el tiempo atrás; reinstalarse en el pasado, desandar caminos ya recorridos y tener la posibilidad de tomar decisiones diferentes ante las mismas encrucijadas.

*El desafío de amar* fue mi primer ensayo. En él me propuse acercar una mirada particular acerca del amor, hija de las historias que habitaron mi consultorio y mis experiencias personales. Quise alejarme de los tópicos y pensar sobre uno de los temas cruciales que conmueven a todo ser humano.

Lo hice con mucha precaución con el fin de construir un vínculo con los lectores. El escritor debe trabajar para generar un lazo fuerte con quienes lo leen; transitar junto a ellos un camino intenso y profundo.

Confieso que tenía muchas reservas acerca de cómo sería recibido este manojo de pensamientos; de ahí mi sorpresa al comprobar de qué modo se apropiaron de este libro.

Quizás por eso mismo me sentí en deuda con los lectores; en ese cuidado inicial no había expuesto todo lo que pensaba. Además, en el intento de conservar el discurso oral omití algunas elaboraciones por considerarlas excesivas para la propuesta original.

Hoy, siete libros después de nuestro primer contacto, elijo darle a *El desafío de amar* su versión definitiva.

Cuento con el apoyo de aquellos que, con su generosidad, me acompañaron en este viaje inquietante.

Quienes lo hayan leído, no solo encontrarán en esta versión aumentada un desarrollo mucho más acabado de la teoría vertida en la obra inicial, sino también un caso clínico y un capítulo dedicado a los conceptos de necesidad, demanda y deseo.

Me han preguntado por qué quería hacer este trabajo; para qué tocar un libro que ha tenido tanta aceptación. La respuesta es simple: porque el compromiso sigue siendo la verdad. Dar todo por la difusión del Psicoanálisis y esa relación honesta que hemos construido durante estos años.

El tema es el amor. Ese sentimiento capaz de sacar lo mejor y lo peor de nosotros, esa emoción que justifica una vida y, a la vez, tiene la potestad de ensombrecerla para siempre.

La historia de la humanidad se ha construido a su alrededor. Pero quien quiera jugar el juego grande del amor debe saber que en cada grieta acecha un riesgo. Y esa es la única aventura que vale una vida. Intentarlo aun sabiendo que no existen garantías y al final del recorrido tal vez nos encontremos fatalmente solos.

No otra cosa busca el Psicoanálisis: enfrentar la soledad sin tanto dolor.

GABRIEL ROLÓN
Noviembre de 2016

# PRÓLOGO

Los cafés de Buenos Aires tienen un encanto particular. Sea como escenario de encuentros amistosos, desayunos solitarios o rincones de lectura, se esparcen por la ciudad alojando el pensamiento, la tristeza, el aburrimiento o, simplemente, matizando una espera.

Por sus ventanales se ve desfilar a la gente que, inmersa en sus mundos, pasa por la calle. Algunos apurados, otros distraídos. Hasta que alguien abre la puerta, elige una mesa y se adueña de un espacio que, por algunos minutos, se vuelve absolutamente propio.

Así lo hice yo también. Durante muchos años han sido mi sala de estudio, mi lugar de trabajo y el sitio en el que tomé algunas de las decisiones más importantes de mi vida.

Pero lo que nunca imaginé es que uno de esos bares sería el ámbito en el cual iba a encontrarme con la gente para dialogar acerca de temas como la sexualidad, la adolescencia, la paternidad o la muerte. Por eso mismo, cuando surgió la idea de hacer el primer ciclo de encuentros al que llamamos Charlas de Diván, me pareció, si no una locura, al menos una excentricidad: ¿quién se levantaría un sábado por la mañana en pleno invierno de Buenos Aires para ir hasta un café a escuchar a alguien que sostiene que el amor no siempre es algo maravilloso y que todos nos vamos a morir?

Sin embargo, acepté el ofrecimiento y, a la espera de un disfrute que durara al menos unas pocas semanas, fui aquella primera mañana de mayo hasta Clásica y Moderna, lugar que era, aunque nadie lo supiera, parte de mi historia más íntima. En ese lugar había pasado horas estudiando durante mi etapa universitaria, leí alguno de los libros que me marcaron, escuché emocionado a artistas admirables y, también allí, me despedí para siempre de personas muy queridas.

Ahora, en cambio, era diferente. Llegaba para intentar reflexionar junto con otros, de modo accesible pero no por eso menos profundo, sobre aquellos temas que, como analista, escucho transitar no solo en mi consultorio, sino también en el relato de amigos, familiares o desconocidos a los que he visto padecer en silencio.

La elección de los temas siguió una lógica simple. Dado el interés que habían despertado mis libros *Escucha tu dolor* y *La respuesta está en ti*, me pareció interesante retomar la problemática de cada uno de los casos presentados en ellos y desarrollarlos con mayor profundidad. Además, tendría la posibilidad de recurrir a esas historias cuando fuese necesaria la ejemplificación. Aunque la dinámica que tomaron aquellos encuentros me llevó a incorporar, también, extractos de otros casos clínicos, escenas de películas, poesías y relatos históricos o mitológicos.

De esa manera, el miedo a la soledad, la infidelidad, los duelos, los celos, la sexualidad infantil, los pactos de silencio en la familia, la culpa, la angustia ante la muerte, los amores peligrosos, los ataques de pánico y la adolescencia fueron compañeros intelectuales de cada semana.

Para mi sorpresa, la gente no solo acompañó masivamente el desarrollo de toda esa primera etapa, sino que además propició con su deseo la continuidad de estos encuentros y tuvimos que planificar un nuevo periodo.

«¿De qué vas a hablar en el segundo ciclo?», me preguntó alguien que había asistido casi todos los sábados, y entonces comprendí que esta hermosa aventura se había convertido para muchos —incluido yo mismo— en un momento esperado.

Armados de cuaderno y bolígrafo, estaban quienes venían a las charlas como si se tratara de un seminario académico. Tomaban notas, hacían preguntas y citaban conceptos que habíamos trabajado en reuniones anteriores.

Inesperado, es cierto... pero estábamos en Buenos Aires, la capital mundial del Psicoanálisis. Por eso no era extraño que se apasionaran de esa manera ante la empresa de compartir dos horas de reflexión sobre esas cuestiones.

Buenos Aires y el Psicoanálisis... Todo un tema.

Cierta vez, el poeta Horacio Ferrer, haciendo referencia al bandoneón —instrumento de origen alemán— dijo que no era sino «... un ave wagneriana que anidó en Buenos Aires porque intuyó que aquí lo estaría esperando Pichuco».

Del mismo modo, muchas veces me han consultado mi opinión acerca del porqué de ese amor, de esa pasión extraordinaria que existe entre Argentina y el Psicoanálisis y, como soy argentino y psicoanalista, me permito aventurar una idea que tal vez sea más poética que verdadera; aun así, quisiera compartirla con los lectores.

Argentina es una tierra hecha de ausencias. Hija de la inmigración de hombres y mujeres que, huyendo de la guerra, la muerte o la pobreza, dejaban sus países, la familia, los amigos, incluso el idioma en busca de un lugar en donde realizar sus sueños. Así, el país en general y Buenos Aires en particular fueron construyéndose como un espacio habitado por una imperceptible pero eficaz conciencia:

**Vivir consiste en aceptar la falta y sobreponerse a lo perdido.**

A esta inmigración se le sumó la otra, la interna, la de aquellos que al no encontrar en sus pueblos de origen la posibilidad de un trabajo que les permitiera vivir dignamente, se arrimaron a «la Capital». Y así se configuró una población compuesta de personas que compartían un rasgo en común: haber dejado —más lejos o más cerca— sus afectos, su forma de hablar, su gente e incluso el olor de su tierra.

Algo para nada fácil. Ya sabían los griegos que el peor de los castigos no es la muerte sino el destierro; esa condena que lleva a una persona a vivir en un sitio del que no forma parte y en el que no se reconoce a sí mismo.

## Anteo
## (el gigante y la patria)

En la mitología griega, Anteo es un gigante que habita en las cercanías del estrecho de Gibraltar. Se había comprometido a levantar un templo en honor a Poseidón, hecho con cráneos de seres humanos. Por eso asesinaba a todo aquel que pasara por sus dominios. Era un guerrero feroz y guardaba un secreto que lo hacía invencible.

Cierta vez enfrentó al mismísimo Heracles (el equivalente griego del Hércules romano). El combate era encarnizado y en tres ocasiones el héroe estuvo a punto de vencerlo. Sin embargo, cada vez que lo arrojaba al piso, en lugar de permanecer tirado, Anteo se levantaba con más fuerza que antes y recuperaba su bravura inicial.

Al principio Heracles no entendía el porqué de este milagro. Hasta que pudo comprenderlo: Gea (la Tierra) era madre de Anteo. Por eso, cada vez que el hijo caía al suelo, ella lo envolvía con su amor y le transmitía su fuerza original, como si volviera a parirlo para que enfrentase al mundo.

Al darse cuenta de esto, Heracles lo levantó en el aire para impedir que recibiera el aliento materno y así pudo asfixiarlo.

Según Plutarco, Anteo fue enterrado en la ciudad de Tánger, en una sepultura que tiene la forma de un hombre tumbado.

Es cierto que, en principio, nuestra simpatía se inclina a favor de Heracles; sin embargo, el mito deja flotando la idea de lo importante que es para un hombre su tierra; y al decir «tierra» digo «patria, idioma y familia».

Podemos imaginar, entonces, lo difícil que debe haber sido para aquellos inmigrantes construir un hogar del cual formaran parte.

Para lograrlo, los argentinos tuvimos que armar entre todos un lugar propio, un estilo en el que la necesidad afectiva nos hizo escuchar el dolor ajeno, y tanto el abrazo como el mate se transformaron en una ceremonia de respetuoso silencio ante la aparición de la angustia. Y así fuimos construyendo una serie de rituales compartidos que se hicieron parte de nuestro modo de ser.

Borges señaló que no encontraba ningún rasgo de lo que podría llamarse «la argentinidad», excepto uno: el culto a la amistad… otra de las formas del amor.

Entonces, no resulta extraño que en una tierra abonada por las lágrimas de lo perdido y el deseo de lo por venir, el Psicoanálisis haya encontrado su lugar en el mundo.

Quizás esa fuera una de las causas de aquellos sábados concurridos, de las preguntas que alguien hacía, tal vez a partir de su propio dolor, acerca de los temas más complejos de la vida, los únicos verdaderamente importantes: la sexualidad y la muerte.

Llegado a este punto me siento en la obligación de realizar algunas aclaraciones.

1) Este no es un libro *sobre* Psicoanálisis.

Es un libro escrito *desde* el Psicoanálisis, a partir de todo lo que movilizaron en mí esos encuentros tan próximos con la gente. He intentado mantener el lenguaje coloquial para conservar algo de la frescura y espontaneidad de aquellas charlas. Por eso, incluso, en muchos casos, han quedado algunos disparadores generados por las intervenciones de los presentes bajo la forma de frases introductorias, para que el libro recupere ese clima de intercambio que caracterizó estos ciclos y el desafío intelectual que generó la irrupción de una idea inesperada.

2) *Traduttore, traditore.*

Así dice el refrán, y es una manera de decir que el que traduce, traiciona; algo que resulta inevitable. Por eso, en el intento de trasladar al idioma coloquial y cotidiano cuestiones tan complejas como el escenario edípico, la constitución de la identidad sexual o los caminos que llevan a la elección del objeto de amor, seguramente algunas reflexiones teóricas puedan parecer algo forzadas.

3) Contenido de los capítulos.

Para este libro he seleccionado solo aquellas charlas cuya temática giró en torno al Amor. Las otras quedan a la espera de una nueva oportunidad o, simplemente, a merced del polvo del olvido. El lector encontrará además un caso clínico y algunos escritos que, intercalados entre los encuentros a modo de interludios, desarrollan de un modo más complejo algunas de las ideas que aparecen en otros capítulos. Es solo el intento de profundizar ciertas cuestiones y el libro puede ser leído sin detenerse en ellos. Creo sin embargo que, quienes se sientan interesados, encontrarán allí un estímulo más para seguir reflexionando.

4) *El desafío de amar* no es un libro de autoayuda.

Aclarado esto, nadie se podrá sentir estafado en su buena fe. En estas páginas no encontrarán consejos ni soluciones, sino algunas reflexiones, formas de abordar el análisis y la comprensión de ciertos fenómenos que, de ninguna manera, pretenden ser una guía de conducta ni una suma de máximas del buen vivir.

No es esa mi función. Soy un analista que se ha esforzado por trabajar lo que Lacan llamó «el Psicoanálisis en extensión», es decir, interrogar otros discursos y acercar algo de la complejidad de nuestra teoría a la gente «de a pie».

Una última reflexión para finalizar este prólogo.

Muchas veces se ha cuestionado el hecho de que Argentina sea el país con más psicólogos per cápita del mundo.

Esto, lejos de ser una desventaja o un signo de locura, es motivo de orgullo. Implica que, después de una larga lucha, que aún no ha concluido, en nuestro país hemos llegado a comprender algo muy importante:

**La salud psíquica debe ser considerada el derecho de toda persona y no el privilegio de unas pocas.**

En la antigua disputa existente entre el cuerpo y la mente, la salud parecía haber quedado del lado del cuerpo, en tanto que el sufrimiento psíquico se desplazó al territorio de la soledad, al «arréglatelas como puedas». Y creo pertinente confesar que he visto sufrir más a una persona por la pérdida de un amor que por una angina.

No es casual la vergüenza que aún genera la existencia de un «enfermo mental» en la familia. Esto se debe a que la cultura misma ha volcado antiguas lecturas religiosas sobre un fenómeno perteneciente al campo de la salud. Así, el «loco» de hoy, como el de entonces, sigue imaginariamente más ligado a lo demoniaco que a lo clínico. Qué, si no, de aquellas histéricas que en otros tiempos fueron quemadas en las hogueras por la Inquisición acusadas de brujería.

Necesitamos entender algo:

**Somos el fruto de una interacción permanente entre lo biológico y lo psíquico. Acotar la salud a uno solo de estos campos es un acto de torpeza, cuando no el fruto del perverso interés económico de aquellos que no quieren pagar más de treinta sesiones anuales por la salud psíquica de sus asociados.**

Durante años se nos propuso un enfrentamiento falaz. Antes fue la psiquiatría contra la psicología; hoy las neurociencias enfrentadas al Psicoanálisis. Admito, no sin pesar, que quienes promovieron estas disputas han tenido éxito hasta ahora. Nos cabe a los profesionales de hoy la responsabilidad de revertirlo a pesar de las diferencias teóricas y técnicas. No solo por nosotros sino, y en especial, por el bien de ese paciente que nos confía su dolor en el consultorio y merece que tengamos una mirada abierta e inteligente para acompañarlo en la resolución de sus conflictos.

Celebro, entonces, que seamos el país con más psicólogos per cápita del mundo. E insisto: no es motivo de vergüenza sino de orgullo. Aunque todavía nos quede un largo trecho por recorrer.

Muchas poblaciones del interior aún se encuentran lejos de la posibilidad de este derecho y, en las salas de terapia intensiva de todo el país, nuestros seres queridos siguen muriendo sin que haya psicólogos de guardia que puedan contenerlos y se acerquen a escuchar lo que ellos, sujetos de deseo hasta el último de los segundos de su vida, tienen para decir.

## PRIMER ENCUENTRO

# A MODO DE INTRODUCCIÓN

*En el principio fue el amor.*

Ovidio

## Café, medialunas y Psicoanálisis (o algunas herramientas para abordar al amor)

Abrí la puerta y sentí el impacto. Era el primero de los encuentros programados y, si bien todos augurábamos un buen comienzo, fue una sorpresa encontrar el lugar desbordado en una mañana de sábado algo fría. Más de cien personas tomaban café mientras esperaban, con gran interés, a que diera comienzo la exposición.

No pude evitar reparar en el resto de los elementos que había sobre las mesas: pan tostado, medialunas, mantequilla y mermelada. Confieso que al sentarme en la banca, frente al atril en el que estaban mis pocos apuntes, me pregunté si en ese ámbito podría alcanzar mi cometido: pensar desde la mirada del Psicoanálisis acerca de las emociones y los conflictos humanos.

En respuesta a esa impresión inicial —algo prejuiciosa, ni cómo negarlo—, vino a mi memoria aquella vieja costumbre que tenían los griegos: reunirse a reflexionar y debatir sobre los temas importantes de la vida alrededor de una mesa poblada de vinos y manjares.

Como testimonio de lo expuesto llegó hasta nuestros días *El banquete*, de Platón; libro que lleva ese nombre porque alude precisamente a un banquete en el que cinco amigos se juntan a comer, aún bajo los efectos de la resaca de una reunión parecida que habían tenido el día anterior. Según parece, los pensadores de entonces eran bastante afectos a la charla, la comida y el buen vino.

Aquellas reuniones eran planificadas con mucho cuidado y tenían una característica: giraban siempre en torno a un tema de conversación previamente elegido. En el encuentro de esa noche, uno de los asistentes, Erixímaco, propone consagrar la velada a Eros. Los demás aceptan y acuerdan que cada uno de los comensales a su turno hará una exposición en torno al amor. Se convino el orden en el que hablarían y comenzó la velada.

Cabe aclarar que Eros era una deidad bastante menor, algo así como un dios de segunda o tercera categoría. En los temas referentes a la pasión, la figura sobresaliente era Afrodita, diosa del deseo.

Basado en lo antedicho y comenzando a andar nuestro camino, digamos algo fundamental:

**No es lo mismo el deseo que el amor.**

Es más, si nos dejamos guiar por los relatos de la mitología clásica, podríamos arriesgar la hipótesis de que para los griegos el deseo era mucho más importante que el amor.

Según se mire, no muy distinto a lo que pasa en estos tiempos.

Volviendo a *El banquete*, cuando le llega el momento de exponer a Aristófanes, este desarrolla una teoría para explicar el origen de las distintas tendencias amorosas. Es lo que se conoce como «El mito de los andróginos», y veremos cómo la idea que recorre esa tesis expuesta en una noche de borrachera hace tantos siglos, guarda relación con la manera en que muchas personas, probablemente la mayoría, piensan hoy el amor.

## La era de los andróginos (distintas formas de amar)

Según este mito, en el comienzo, el mundo estaba habitado por seres circulares llamados andróginos, cada uno de ellos formado por dos de los que somos ahora. Es decir que había un grupo compuesto por dos hombres, otro por dos mujeres y un tercero constituido por un hombre y una mujer. Eran seres eternos y completos que no necesitaban reproducirse y desconocían la existencia de la muerte.

Esta condición de inmortalidad y completud los embriagó de soberbia, a tal punto que se atrevieron a compararse con los dioses. Estos, enojados y a modo de represalia, los partieron por el medio dividiendo a cada uno en dos mitades que mezclaron y esparcieron por el mundo. En ese mismo acto, también les fue arrebatada la vida eterna. Dice Aristófanes que, a partir de entonces, todos van por la vida deseando encontrar su otra mitad para unirse a ella y ser nuevamente seres completos e inmortales.

Así, los andróginos compuestos por dos hombres dieron origen a la homosexualidad masculina, los integrados por dos mujeres a la homosexualidad femenina y los constituidos por un hombre y una mujer, a la heterosexualidad.

Como vemos, este mito deja sobrevolando dos cuestiones muy importantes. La primera, la relación que existe entre la sexualidad y la muerte y la segunda, la idea de que es posible encontrar una mitad que nos complete.

Desde ya, les adelanto que se trata apenas de un sueño romántico, un anhelo inalcanzable.

**La completud no existe. Nadie puede tenerlo todo. Vivir implica aceptar que las decisiones tienen un costo y que en cada logro hay una pérdida.**

La sensación de completud que genera el amor es un engaño que dura solo un instante, si tenemos mucha suerte.

Como dice Alejandro Dolina, legendario músico, escritor y conductor de radio argentino, «amar es inventarse cada día falsedades compartidas». O podríamos ser un poco menos poéticos y más psicoanalíticos y decir, junto con Jacques Lacan, que «amar es dar lo que no se tiene a quien no es».

¿Qué quiere decir con esto? Que el enamorado cree tener para dar algo que en realidad no posee. Sin embargo, lo ofrece a aquel que imagina, erróneamente, puede calmar su deseo. El amor es una utopía en la que cada uno cree tener lo que podría satisfacer el deseo del otro. Algo por completo imposible, pues no existe nada que pueda llenar la falta que habita en todo sujeto. Ya avanzaremos sobre el tema.

En los tiempos que corren, el amor tiene demasiada buena prensa y parece flotar en el aire la idea de que siempre es algo maravilloso; les aseguro que no es así. No todos los amores son buenos y, en ningún caso, proporcionan la completud anhelada.

Sin embargo, lejos de lo que pudiera parecer, no es esta una postura cínica acerca del tema. Por el contrario, sostengo que el amor es uno de los motores más importantes de la vida, y decir que la sensación de completud que genera es engañosa, no implica afirmar que no pueda ser un sentimiento verdadero.

Pero vayamos despacio. Ya iremos recorriendo el camino que nos lleve a pensar con mayor claridad sobre esta cuestión. Comencemos por reconocer que el tema es complejo y requiere de algunas aclaraciones previas. De hecho, no todos decimos lo mismo cuando hablamos del amor.

Como irán descubriendo a lo largo de estas páginas, los analistas estamos mucho más cerca de la poesía que de la filosofía, de Borges que de Platón. Y al escribir esto pienso en ese hermoso párrafo que aparece en *Historia de la eternidad.* Borges cita a Lucrecio y le hace decir lo siguiente:

> Como el sediento que en el sueño quiere beber y agota formas de agua que no lo sacian y perece abrasado por la sed en medio de un río: así Venus engaña a los amantes con simulacros, y la vista de un cuerpo no les da hartura, y nada pueden desprender o guardar, aunque las manos indecisas y mutuas recorran todo el cuerpo. Al fin, cuando en los cuerpos hay presagio de dichas y Venus está a punto de sembrar los cuerpos de la mujer, los amantes se aprietan con ansiedad, diente amoroso contra diente; del todo en vano, ya que no alcanzan a perderse en el otro ni a ser un mismo ser.

Es impactante ver cómo la fuerza de la poesía puede embellecer tanto una idea que, no lo neguemos, suena bastante desalentadora: el amor genera sensaciones engañosas y, como hemos dicho, la completud no existe.

Con esta premisa empezamos a andar ya por el camino del Psicoanálisis. En este derrotero nos van a acompañar algunos conceptos, uno de los cuales les va a sonar familiar porque es casi de uso cotidiano: Inconsciente.

## ¿Qué es el Inconsciente?

Cuando pronuncié el término *Inconsciente* en aquel primer encuentro, percibí que la mayoría de los concurrentes asentían, como dando a entender que sabían de lo que estábamos hablando. Sin embargo, me permití dudarlo y, como si fuera un juego de asociación libre, les pedí que dijeran lo primero que se les viniera a la mente al pensar en esa palabra:

—Olvido.
—Dolor.
—Que no es consciente.
—Represión.

Esta última idea provenía, obviamente, de alguien ya ligado al ámbito de la psicología, más exactamente de una alumna de la Universidad de Buenos Aires. Y hubo quien agregó:

—Es como alguien que vive dentro de nosotros y nos hace hacer cosas que no queremos hacer… un extraño.

¿Se dan cuenta de la diversidad de ideas que surgen en nuestro imaginario a la hora de pensar qué es el Inconsciente? Y debo decir que, de alguna manera, el Inconsciente es todo eso que dijeron y mucho más.

No es fácil transmitir un concepto tan complejo con palabras sencillas, pero vamos a intentarlo. Para esto, pido al lector que me ayude a realizar un pequeño ejercicio; simplemente le solicito que, en este mismo instante, recuerde cuál es su segundo nombre. En aquella ocasión le hice esa pregunta a una joven que estaba ubicada en la primera mesa. Me respondió: «Denise».

Alguien había sugerido que el Inconsciente era aquello que no es consciente. Bien, hasta que yo pedí que pensaran en su segundo nombre, en nuestro ejemplo «Denise», esa palabra no estaba en su consciencia; quiere decir, entonces, que era inconsciente. Pero ¿ese es el concepto de Inconsciente para el Psicoanálisis?

La respuesta es sí y no, porque no hay una sola teorización acerca de lo que es el Inconsciente. Por el contrario, hay tres momentos en la teoría freudiana que determinan modos bien distintos de concebirlo.

El primero de ellos tiene que ver con esta idea de que Inconsciente es lo que no está en la consciencia y es el ejemplo del nombre Denise. Hasta que formulé la pregunta no estaba en su consciencia y entonces era, al menos por el momento, Inconsciente. Podemos deducir que, según esta concepción, el Inconsciente sería algo así como una alacena de la cual podemos sacar contenido con el solo esfuerzo de ir a buscarlo.

En rigor, es lo que los analistas llamamos Inconsciente Descriptivo; un lugar en donde está aquello que es inconsciente solo por el hecho de no estar en la consciencia, pero que puede concientizarse no bien le prestamos la atención necesaria. Técnicamente se denomina «Preconsciente» y es la primera formulación freudiana del Inconsciente.

Tienen que saber que en Psicoanálisis la teoría guía la práctica clínica, es decir que las nociones en las que nos basamos no son algo menor, porque a partir de ellas pensamos a los pacientes y establecemos una dirección para esa cura en particular. Un concepto analítico no es un mero término descriptivo. Lejos de eso, para alcanzar ese estatuto debe dar respuesta a un problema que nos plantea la clínica. Edipo, Castración, Inconsciente, Pulsión, por nombrar solo algunas, son constructos teóricos que dan cuenta de algunas interrogantes que aparecen a partir del contacto con el sufrimiento de los pacientes.

¿Por qué aclaro esto?

Porque en esa época en la cual se pensaba en un Inconsciente que podía ser traído de nuevo a la consciencia, como en el caso del segundo nombre, el Psicoanálisis se constituyó como «el arte de hacer consciente lo inconsciente» y en esa dirección avanzaba el tratamiento. Se buscaba que el paciente recordara, que trajera a su memoria una vivencia olvidada, que la volviera consciente creyendo que al hacerlo estaría curado. No es así, aunque todavía existan quienes confundan eso con el Psicoanálisis.

Lo cierto es que ese fue apenas un primer ideal de Sigmund Freud que estaba enamorado de la técnica que iba descubriendo y, como todo enamorado en la primera etapa, se hacía ilusiones demasiado grandes acerca del objeto de su amor. Pero, no bien avanzó un poco, comprendió que el asunto era bastante más complicado.

¿Cómo se fue dando cuenta de esto? Porque empezó a percibir que había recuerdos que se resistían a volver, como si alguna fuerza los retuviera presos en un lugar inaccesible para el pensamiento, o como si desde la consciencia misma se levantara una barrera para no dejarlos pasar. Dedujo, entonces, que existía algo que resistía la posibilidad de retorno de esos recuerdos. Y es aquí donde descubre la existencia de un Inconsciente de otro tipo, cuyo contenido es más difícil de ser traído a la consciencia, y la cosa empieza a complicarse.

En uno de sus primeros textos, ya había anticipado claramente esta idea; sin embargo, como suele ocurrir en análisis, es probable que ni él mismo hubiera escuchado la importancia de lo que estaba diciendo. El texto al que hago referencia se llama «Las neuropsicosis de defensa».

Antes de continuar, me gustaría dejar aclarado que es posible que muchos encuentren diferencias entre los conceptos que despliego y sus ideas o creencias personales.

Esas diferencias no surgirán solo por cuestiones religiosas o concepciones de otras ciencias. También dentro del ámbito de la psicología existen posturas enfrentadas a la hora de pensar qué es un paciente y cómo debemos trabajar con él, cuáles de sus palabras son relevantes y cuáles no, si nos adentramos en su historia o nos dedicamos a observar su comportamiento presente.

## ¿Psicólogo o psicoanalista?

Una vez planteado esto, seguramente muchos se estarán cuestionando si es lo mismo consultar a un analista que a un psicólogo que trabaja con otra técnica. Pues bien, no es lo mismo, y dado que un paciente no tiene por qué conocer las diferentes técnicas, es lícito preguntar ¿cómo puede alguien saber cuál es la que mejor se adapta a su caso particular? ¿Debe consultar a un analista, un sistémico o un cognitivo? De hecho, esta es una consulta bastante habitual.

El doctor Juan David Nasio, en su maravilloso libro *Un psicoanalista en el diván*, responde a esta cuestión sosteniendo que el paciente no tiene por qué saber cuál es la técnica que utiliza su psicólogo, no es necesario, porque «lo realmente importante es la persona del terapeuta». Las preguntas que debe realizarse son otras: ¿Cómo se sintió durante la entrevista? ¿Tuvo la impresión de ser comprendido? ¿Salió movilizado después de su encuentro con ese profesional? ¿Más calmo o más enojado, no importa, pero con emociones o pensamientos diferentes a los que traía al llegar? Eso es lo relevante. Las cuestiones teóricas y técnicas son motivo de discusión interna entre psicólogos y no deben ser la preocupación de quien consulta.

Para clarificar el tema, podríamos plantear una analogía entre la psicología y la medicina, y decir que, así como dentro de la carrera hay diferentes especialidades y aunque todos son médicos, no es lo mismo un cardiólogo que un oftalmólogo, algo parecido ocurre con la psicología; se puede ser psicólogo clínico y tener la especialidad como psicoanalista, conductista, sistémico o gestáltico, por nombrar solo algunas. Y, así como un hematólogo presta atención a ciertos aspectos de un paciente y no a otros, lo mismo ocurre con los psicólogos. Aunque para ser analista, teóricamente, ni siquiera es indispensable ser psicólogo. Pero ese ya es otro tema.

Lo cierto es que si alguien fuera y hablara de su vida ante distintos profesionales, utilizando incluso las mismas palabras, no escucharía lo mismo un analista que un cognitivo. Y no solo eso; seguramente no pondrán el acento en la misma parte del discurso. Vaya un ejemplo para ilustrar lo que digo.

Cierta vez un paciente, al que en el libro *Escucha tu dolor* llamé Darío, dijo la siguiente frase: «Yo tuve una infancia muy feliz. Mis padres siempre fueron muy unidos y mi sueño como hombre es tener algún día una mujer y una familia como la de mi papá».

Hay muchas maneras de escuchar esa frase según dónde ponga el acento el terapeuta.

Alguien podría decir: por lo visto este paciente tuvo una buena infancia, con padres muy unidos, de modo que, en lo referente a los sistemas familiares, parece que todo está bien. Hay que buscar por otro lado.

Otro podría escuchar que manifiesta el afán de armar una familia como la que tuvo y se encuentra con alguna dificultad para lograrlo. Entonces, se dedicaría a identificar qué conductas lo desvían de su anhelo. Focalizado en esto, el profesional se esforzará en intervenir de modo tal que pueda ayudarlo a corregir esas actitudes.

Un tercer terapeuta podría apoyarse en esa familia fuerte e idealizada para construir desde allí algo que haga al bienestar de ese paciente.

Como analista no me detuve en nada de eso. Me apresuro a aclarar que fue mi escucha, porque tampoco todos los analistas escuchamos lo mismo. Lo que me llamó la atención fue que ese paciente dijera que soñaba con tener algún día una mujer como la de su papá. La mujer de su papá era su mamá. Es decir que manifestaba el anhelo de poseer a su madre. Ese es el deseo que expresaba en sus palabras sin percibirlo. En ese momento supe que, si mi hipótesis era cierta, probablemente su infancia no hubiera sido tan feliz como él creía.

Llegado a este punto, me adelanto a las objeciones que pudieran surgir argumentando que no es eso lo que el paciente quiso decir. Es obvio que su intención fue transmitir otra idea, pero justamente es lo que ha descubierto la teoría psicoanalítica:

**No es el sujeto quien hace un uso voluntario del lenguaje, sino el lenguaje quien se sirve de él para hacerle decir algo diferente de lo que quiere comunicar.**

A diferencia de otras técnicas, el Psicoanálisis apunta a ese más allá de la intención del paciente; al momento singular en que la palabra falla y aparece algo que viene de otra escena. Ese territorio oscuro del Inconsciente donde habita un saber que el sujeto ignora que sabe y, sin embargo, determina su modo de desear, elegir, amar e incluso de sufrir.

Lo que importa al analista no es el discurso claro del paciente ni el relato ordenado que haga de sus sueños, sino ese punto de quiebre en que duda, se equivoca o simplemente se olvida. Porque allí se juega la posibilidad de que aparezca algo de la verdad del sujeto. Si durante horas, semanas o meses escuchamos a un paciente es solamente para convocar esos momentos que constituyen la real experiencia de análisis.

Volviendo al caso, Darío era incapaz de concientizar ese vínculo erótico que tenía con su madre. Lo decía muy claramente, pero aun así no podía escucharlo.

Entonces, si muchas veces aquello que se enuncia no proviene de la voluntad ni la decisión, ¿de dónde surge eso que enunciamos sin querer?

## Los recuerdos reprimidos (o decir lo que no se quiso decir)

En aquel primer encuentro, alguien había dicho que el Inconsciente era algo así como un extraño, una parte de nosotros que nos impulsa a hacer cosas que no queremos hacer. Agregaría que, además, nos hace decir cosas que no queremos decir, y aquí nos encontramos con la segunda formulación del concepto de Inconsciente. Lo que llamamos Inconsciente Dinámico.

Hicimos referencia a la Represión. Pues bien, este segundo inconsciente, a diferencia del primero, está relacionado con ese concepto, algo de lo cual también se habla mucho, por lo general de un modo erróneo. Es común escuchar que alguien aconseje: «no te reprimas»; son amigas que sugieren actitudes relajadas u hombres que a las cuatro de la mañana quieren convencer a una mujer para que haga lo que ella ha decidido hacer hace ya dos horas. Es un error.

Es imposible lograr, merced a un pedido o un consejo, que una persona elija reprimir, porque la represión es un mecanismo de defensa inconsciente. No actúa porque alguien decida utilizarlo; por el contrario, sucede sin que la voluntad tenga nada que ver.

Cité algunas líneas arriba un texto de Freud que nos servirá para explicar cómo se da este proceso.

## ¿Cómo actúa la Represión? (sueños, chistes y todo lo demás)

Supongamos que ante una situación determinada de la vida surja una idea, alguna representación mental que resulta intolerable y amenaza con producir una ruptura del equilibrio emocional. La respuesta del aparato psíquico sería intentar expulsar la idea de la conciencia y, para hacerlo, pondría en juego el mecanismo de represión.

Todo esto ocurre sin que nos demos cuenta. No es que digamos: «en este momento estoy reprimiendo». No. Simplemente, a esa idea traumática se le prohíbe el acceso a la conciencia sin que el sujeto sepa nada de eso.

Sin embargo, eso que no pudo ganar un lugar en nuestro pensamiento no desaparece para siempre; queda en el Inconsciente. Aunque ya no se trata de un Inconsciente como el anterior, el Descriptivo, del que podíamos disponer cuando quisiéramos. Porque estos recuerdos están reprimidos y entonces ya no podemos traerlos voluntariamente a la consciencia, pues hay una fuerza que no los deja pasar y los mantiene en ese territorio desconocido.

«Tanto mejor —podría decir alguien— así no molestan y no vuelven nunca más». No funciona así. Muchas veces esos recuerdos retornan, aunque deban hacerlo de un modo disfrazado. Les propongo un ejemplo.

Imaginen que una adolescente le presenta a su familia al muchacho con el que está saliendo. Un chico con barba, desprolijo, algo sucio y de malos modos. Cuando quedan a solas, ellos le manifiestan que no les gusta, que no quieren que lo vea nunca más y ella decide continuar con la relación en secreto. Pasan los años y llega el momento en el cual los jóvenes quieren casarse. Ella, entonces, vuelve a presentárselos con algunos cambios: ya no usa barba, está bien vestido, limpio y se comporta de modo educado. Los padres la abrazan emocionados y le dicen: «Este sí. No lo vas a comparar con el otro mamarracho que nos trajiste hace cinco años». Es el mismo hombre, pero su imagen dista mucho de aquella que motivó su disgusto y no pueden relacionar a un joven con el otro.

De un modo análogo, cuando lo que fue expulsado de la consciencia quiere volver, debe disfrazarse. A estos disfraces, los analistas los llamamos «Formaciones del Inconsciente» y, aunque el término es teórico, todos las conocen. ¿Acaso nunca escucharon hablar de un sueño o de un chiste?

Esas son las maneras camufladas en las que algo retorna del Inconsciente. También puede tomar la forma de lo que llamamos un Lapsus, un Acto Fallido o, como suele ocurrir, de un síntoma que hace sufrir al sujeto.

Parte del trabajo de análisis consiste en desenmascarar ese recuerdo. Para ello contamos con la asociación libre del paciente y las intervenciones del analista, que no necesariamente son interpretaciones, como suele pensarse. La interpretación es solo una de las tantas formas en que intervenimos durante el tratamiento. Además, podemos preguntar, señalar o quedarnos en silencio.

Muchos, al pensar en un psicoanalista, tienen el estereotipo del profesional que no habla y se limita a decir cada tanto: «Ajá». Bromean con eso, creen que es algo fácil de hacer. Se equivocan. No saben lo difícil que resulta a veces. El silencio del analista no es un silencio cualquiera. Se trata de un silencio activo; una decisión que el profesional toma para dejar espacio a un momento especial en el transcurso de la cura o evitar que la sesión se convierta en una conversación entre pares.

Al comienzo del tratamiento, hay quienes se resisten al diván argumentando que necesitan mirar a los ojos cuando hablan. Debemos entenderlos. Requieren tiempo para adaptarse a la técnica y comprender que el análisis no es un diálogo, sino un modo de relación distinto al habitual.

Es más, si en algo radica la diferencia fundamental que hace del Psicoanálisis una «terapia que no es como las demás terapias» —como enunció Lacan— es el estilo de ese vínculo intenso y particular al que denominamos Transferencia.

En una captación primera del término, la transferencia pone en juego una suposición de saber; es decir, el paciente cree que el analista sabe y puede hacer algo con lo que a él le pasa. Pero no es ese el punto máximo que da cuenta de la potencia de ese lazo, sino la capacidad que el profesional tenga de atraer hacia sí las vibraciones de los contenidos inconscientes del sujeto hasta el punto de ser parte fundamental y necesaria del síntoma de ese paciente.

Pero mejor sigamos adelante, ya que no es la intención detenernos en los detalles de la teoría psicoanalítica. Apenas quiero dejar algunas ideas que nos van a servir luego, cuando pensemos en los temas que giran en torno al amor.

No obstante, antes de avanzar, veamos la tercera formulación freudiana del concepto de Inconsciente. Porque todavía no hemos dicho nada acerca del Inconsciente Estructural, tal vez el más difícil de aceptar y entender.

## El susurro del Inconsciente (o ese ruido de fondo)

Para acercarnos en algo a un concepto tan complejo, me tomo de una frase de Freud: «todo lo reprimido es Inconsciente, pero no todo lo Inconsciente es reprimido». ¿Qué quiere decir con eso? Que en el Inconsciente no están solo aquellas cosas que expulsamos por dolorosas o traumáticas, sino que hay algo más, algo anterior. Un Inconsciente diferente, que nació Inconsciente y siempre lo será por más análisis que alguien haga. Es decir:

**Hay un límite a la interpretación del analista. El Psicoanálisis mismo no escapa al hecho de que «todo no se puede».**

Esto es lo que solemos llama: Castración; otra manera de hablar de la aceptación de la falta. Pues bien:

**El Psicoanálisis también está castrado, y hay una palabra última que no encuentra.**

El síntoma, por ejemplo, tiene dos caras; una interpretable y otra que escapa a toda interpretación posible. Las llamamos la cara *Signo* y la cara *Significante.*

Un signo, según Pierce, es aquello que representa algo para alguien. Lacan toma esto y le da un lugar dentro del campo analítico. En ese sentido, la cara signo es la que podemos interpretar. El paciente llega, se queja, nos cuenta qué le pasa y espera que eso signifique algo para nosotros, que tenga algún sentido. Trabajamos con él hasta llegar a una interpretación que dé cuenta del porqué de ese síntoma. Si logramos hacerlo, aparecerá un cierto alivio.

Pero hay otra cara no interpretable, que indica que ese síntoma no es más que la reedición de algo que viene sucediéndole al sujeto desde hace tiempo y que seguirá repitiéndose. Es decir, que si apareció ahora, es porque estuvo antes y estará en el futuro por mucho que lo analicemos.

Dejemos aquí y vayamos a un ejemplo para ilustrar el concepto de Inconsciente Estructural.

Cierta vez mi madre estaba mirando por el balcón de su casa que da a una calle muy transitada, y me llamó sobresaltada: «Hijo, ven, mira a ese inconsciente».

Me asomé y vi a un hombre que cruzaba la calle en medio de un tránsito feroz, con el semáforo en rojo y leyendo el diario. Ella, que nunca estudió a Freud ni se analizó jamás, se dio cuenta de que allí había un sujeto que realizaba un acto que ponía en riesgo su vida y la de los demás sin tener consciencia de lo que hacía.

Ahí podemos ver en acción al Inconsciente Estructural, al que también denominamos *Ello*, aunque se le experimenta de un modo tan extranjero que Lacan prefirió llamarlo *Eso*. Una fuerza que nos impulsa a ir en busca de algo que puede causarnos dolor. Un Inconsciente que jamás se hará consciente, porque no puede volver a la consciencia algo que nunca estuvo allí. Es, digámoslo así, un Inconsciente con el que se nace. Por eso es estructural.

Recuerdo que una paciente, promediando la sesión, dijo una frase muy interesante. Estaba hablando de su relación con los hombres, de su dificultad para tener pareja, y en medio de su alocución expresó: «yo no sé por qué siempre me relaciono con tipos casados».

La frase fue expresada por alguien que se analiza, y como tal, dice más de lo que aparenta decir y busca ser develada. Les propongo un juego. Desarmemos ese enunciado corriendo el punto de lugar a ver qué pasa.

Lo primero que la paciente dice es: «yo». Es decir que el tema tiene que ver con ella, condición necesaria para poder trabajar desde el Psicoanálisis: que el paciente se involucre.

Si corremos un poco más el punto hacia la derecha, dice: «yo no sé».

Podemos ver cómo aparece un planteo interesante de lo que experimenta como un desconocimiento. Algo que viene de otro lugar, uno ajeno. Y allí, la paciente no sabe. Citando a Freud, diría que en realidad aún no sabe que sabe.

Pero sigamos adelante. «Yo no sé por qué».

Es decir que hay un porqué. Aunque lo desconozca, está reconociendo que hay un motivo para esto que hace, que no se trata de algo caprichoso ni casual.

Prepárense, porque ahora viene la frutilla del postre: «yo no sé por qué siempre».

Les llamo especialmente la atención porque en este momento del discurso hace su aparición algo que señala la presencia del Inconsciente Estructural: siempre. O nunca, lo mismo da. Palabras que hacen alusión a que el paciente no lo puede evitar. Le pasa *siempre*, o no lo logra *nunca*. Allí está actuando esa fuerza que lo arrasa y no le deja elección posible. En esa repetición inevitable, vemos la presencia de *Eso*. Lo que llamamos «la cara *Significante*», no analizable de un síntoma. Se trata de un hecho que viene repitiéndose desde siempre y que tenderá a seguir haciéndolo.

Pero terminemos con la frase: «yo no sé por qué siempre me relaciono con tipos casados».

La paciente no dice: «es mi destino, tengo mala suerte; la felicidad no fue hecha para mí». No. Muy por el contrario, manifiesta que es ella la que se relaciona y, de ese modo, asume su responsabilidad en esto que le ocurre. Ese es otro punto fundamental para poder avanzar con el análisis.

Queda claro cómo en esa frase pronunciada casi al pasar la paciente ha dicho mucho: que el tema le incumbe, que no sabe de dónde viene pero que este comportamiento tiene un porqué que desconoce, que le ocurre siempre y no lo puede evitar, por ende, que es un síntoma del que sufre, que ella tiene que ver con esto que le pasa y es algo que la lleva a una situación que le causa dolor.

Retomemos el tema de las Formaciones del Inconsciente, para lo cual nos tenemos que volver a situar en el territorio del Inconsciente Dinámico, de cuyo contenido, hemos dicho, solo recibimos apariciones deformadas, disfrazadas.

Las Formaciones del Inconsciente son manifestaciones bajo las cuales vuelve algún contenido que había sido reprimido, es decir que implican un fracaso de la represión. ¿Por qué digo que la represión ha fracasado? Porque mientras es exitosa, de eso no sabemos nada. Cuando algo reaparece es muestra de que el proceso represivo falló. El carcelero ha sido burlado.

Digamos de forma breve en qué consiste cada uno de esos disfraces.

El Lapsus es un error verbal. El sujeto quiere decir algo y dice otra cosa. Se confunde de nombre, se traba y no puede pronunciar una palabra sin equivocarse. Incluso a veces esto pasa repetidamente.

Hace poco un paciente quiso decir que era una persona *intolerante* y dijo, en cambio, que era una persona *intolerable*.

Como vemos, hay una distancia importante entre que tenga baja tolerancia o que resulte él mismo alguien difícil de tolerar para los demás.

Los Actos Fallidos son torpezas cometidas en las acciones. En el «Caso Mariano», del libro *Escucha tu dolor*, encontramos uno.

Mariano es un adulto joven, felizmente casado con una mujer a la que ama y con dos hijos. Sin embargo, hace tiempo que tiene una amante, Valentina.

Alguien podría cuestionarlo diciendo que si la engañaba, entonces no la amaba tanto. Le respondería que se equivoca, que la ama muchísimo; pero, como ya dijimos —y es la clave de este libro— el amor y el deseo no son la misma cosa, y a veces pueden entrar en conflicto y llevar a alguien a una situación difícil. Ya hablaremos en los próximos capítulos, entre otras cosas, del amor, el deseo y la infidelidad. Por ahora sigamos con el ejemplo.

La cuestión es que Mariano llega a un punto en el que, inconscientemente, no quiere más esto, pero está inmovilizado y no se anima a cortar con su amante ni a confesar la infidelidad a su mujer. Una tarde, mientras se baña para ir a encontrarse con Valentina, deja el teléfono encendido sobre la almohada, al lado de su esposa, a sabiendas de que podía recibir un mensaje de texto de Valentina. Y el mensaje llega, la mujer lo ve y descubre todo.

Eso es lo que se llama un Acto Fallido. Y, con ese acto cometido *involuntariamente*, Mariano se las arregló para poner todas las cartas sobre la mesa. Deseaba hacerlo, pero no se animaba. Entonces, ese acto supuestamente desafortunado, lo hizo por él. Ahora ¿eso era lo que en verdad quería?

No conscientemente, por cierto. Por eso es un Acto Fallido. Porque produce un sentido que viene, no de algo que la persona quiere, sino de un deseo inconsciente que desconoce.

De los sueños, no considero necesario hablar demasiado. Solo diré que más allá del contenido manifiesto, de lo que podemos recordar cuando despertamos, en su lenguaje oscuro, como si se tratara de un jeroglífico, se esconde un contenido latente que tiene un sentido inconsciente que puede ser develado.

Hablamos antes de esos momentos en los que la palabra falla y dijimos que son los pilares fundamentales en el transcurso de una cura analítica. Pues bien, esto se aplica también a los sueños. Por eso, más importante que su contenido es el modo en que el paciente los cuenta y, sobre todo, los instantes confusos de su relato, sus dudas, cuando describe a una persona que era alguien, su padre, por ejemplo, pero a la vez no lo era. Y, por supuesto, los momentos en los que aparece el olvido.

Durante el trabajo del sueño se disfrazan los deseos inconscientes para que puedan eludir la barrera de la represión, como en el caso de la joven que presentó a su novio. El trabajo de análisis consistirá, entonces, en ir pidiendo asociaciones al paciente hasta quitar uno a uno esos velos intentando llegar a la representación verdadera.

Es un error creer en la posibilidad de una interpretación congelada. Decir, por ejemplo, que todo elemento extenso representa el pene (un tren, un cigarro), subir una escalera implica ir tras un orgasmo o caer en el vacío da cuenta de la angustia ante la muerte. Por el contrario, el Psicoanálisis encuentra en cada sueño una manifestación única de ese sujeto en particular. De allí que no podamos intentar una interpretación sino a partir de las asociaciones del paciente.

Los chistes surgen en un marco que a veces relaja la represión y permite decir algo de lo que se oculta, total, era una broma ¿no?

En cuanto a los síntomas, el tema se vuelve más complejo de explicar porque tiene que ver con un sufrimiento que se le impone a alguien a partir de cosas no resueltas y, por lo general, son los que lo traen al análisis.

«No puedo salir a la calle, soy impotente, cuando estoy por lograr algo me angustio, me gusta el sexo, pero no puedo tener un orgasmo, sufro desmayos y los médicos dicen que no tengo nada». Esas son solo algunas de las muchas maneras en las que un síntoma puede afectarnos. Y en gran medida.

Les recomiendo que miren la película *Mejor… imposible*.

En ella, Jack Nicholson interpreta a un neurótico obsesivo que no toca las cosas si antes no se pone guantes desechables, no puede pisar las baldosas de un determinado color, tiene que escuchar la misma música todos los lunes, distinta de la de los martes y los miércoles y que no logra siquiera besar a una mujer porque pensar en el intercambio de fluidos lo angustia.

En el film queda claro cómo los síntomas condicionan la vida de una persona hasta el punto tal de volverla insoportable, y es con esa situación con la que convivimos en un tratamiento.

Cabe aclarar que el hecho de que trabajemos para aliviar ese dolor no implica que la meta de un análisis sea la supresión de esos síntomas. Esto es algo que se da por añadidura, pero la cura analítica apunta a otra cosa: el surgimiento de una verdad que recorre al sujeto y puede hacer de él alguien diferente al que hubiera sido en caso de no haberse analizado. Desconocer esto sería confundir el análisis con otro tipo de terapia.

Se preguntarán qué tienen que ver el Inconsciente y sus formaciones con el amor. Mucho; porque el Inconsciente es, antes que nada, el recuerdo puesto en acto, una pura repetición. Antes de ahondar en esto me gustaría contar brevemente un film romántico que vi hace un tiempo.

## En las manos del destino
**(*Señales de amor*)**

*Señales de amor* es una película dirigida por Peter Chelsom y protagonizada por John Cusack y Kate Beckinsale.

Jonathan y Sara se conocen por casualidad en un centro comercial cuando los dos eligen un mismo par de guantes. Es el último que queda y, gentilmente, él lo cede. Sin embargo, un hecho fortuito hace que tengan que volver al negocio y se tropiezan para asombro de ambos. Los dos están en pareja, sin embargo, el impacto del encuentro ha sido tan grande que pasan la noche hablando y compartiendo momentos inolvidables.

Él siente que debe dejar todo por ella, y Sara también. Sin embargo, ella cree en el destino y decide dejar en sus manos el futuro de la relación. Obliga a Jonathan a escribir su número de teléfono en un billete de cinco dólares con el que paga un dulce en un quiosco y, a su vez, anota el suyo en un ejemplar del libro *El amor en los tiempos del cólera*, que vende inmediatamente en una casa de usados. Está convencida de que si el designio es que estén juntos, así será: ella se topará con el billete o Jonathan con el libro. Asimismo, le propone una última prueba: subirán a dos ascensores distintos y cada uno pulsará un piso. Si eligen el mismo continuarán juntos, de lo contrario sus caminos se separarán.

Lo hacen y, aunque los dos optan por el mismo número, un niño ha tocado todos los botones del ascensor de Jonathan y hace que se detenga en cada piso, razón por la cual al descender Sara ya se ha ido.

Pasan los años. Él busca en cada librería el ejemplar que guarda el teléfono de la mujer, así como ella mira todo billete de cinco dólares que pasa por sus manos.

Cuando está a punto de casarse, Jonathan recibe de regalo de su novia un ejemplar de *El amor en los tiempos de cólera*. Con miedo abre la primera hoja y encuentra en ella un número de teléfono. Se debate entre llamar o no. Antes de hacerlo decide averiguar si ella sigue sola, pero un error lo lleva a creer que Sara está en pareja.

Desmoralizado, decide continuar con la boda, pero el destino les guarda una sorpresa más. Resulta que Sara tiene una amiga común con la futura esposa de Jonathan, razón por la cual decide asistir a la boda. Pero a último momento cambia de opinión.

Desolada, descubre en su cartera el billete de cinco dólares que tiene el número del teléfono celular de Jonathan.

Como sospecharán, la boda se suspende y la vida les brinda, siete años después, la oportunidad de estar juntos. Sara, como muchos, cree que si un amor debe ser, será. Con esta postura niega el esfuerzo que alguien debe realizar para construir un vínculo tan importante. Siendo una creyente en el determinismo, está feliz con el reencuentro; y él también. Aunque no comparta su creencia, sabe que resulta maravilloso tener al lado a quien se ama.

Como analista no creo en el destino, pero sí en la predeterminación inconsciente. Cito una vez más al psiquiatra y autor argentino Juan David Nasio: «En los asuntos del corazón [...] no elegimos sino lo impuesto y no queremos sino lo inevitable».

El Psicoanálisis ha demostrado que no existen elecciones libres. Todo aparente nuevo encuentro, en realidad, no es más que un reencuentro. Y ese ser en cuya mirada intuimos la invitación a construir un sueño, trae ya el aroma de lo familiar y la melodía del hogar.

Un hogar no tiene que ver con las paredes, sino con una sensación afectiva cimentada desde la más temprana infancia. Por eso, solo existe uno, y nos enamoramos de alguien cuando sentimos que esa persona puede habitar ese hogar que ya tenemos construido desde hace tanto tiempo.

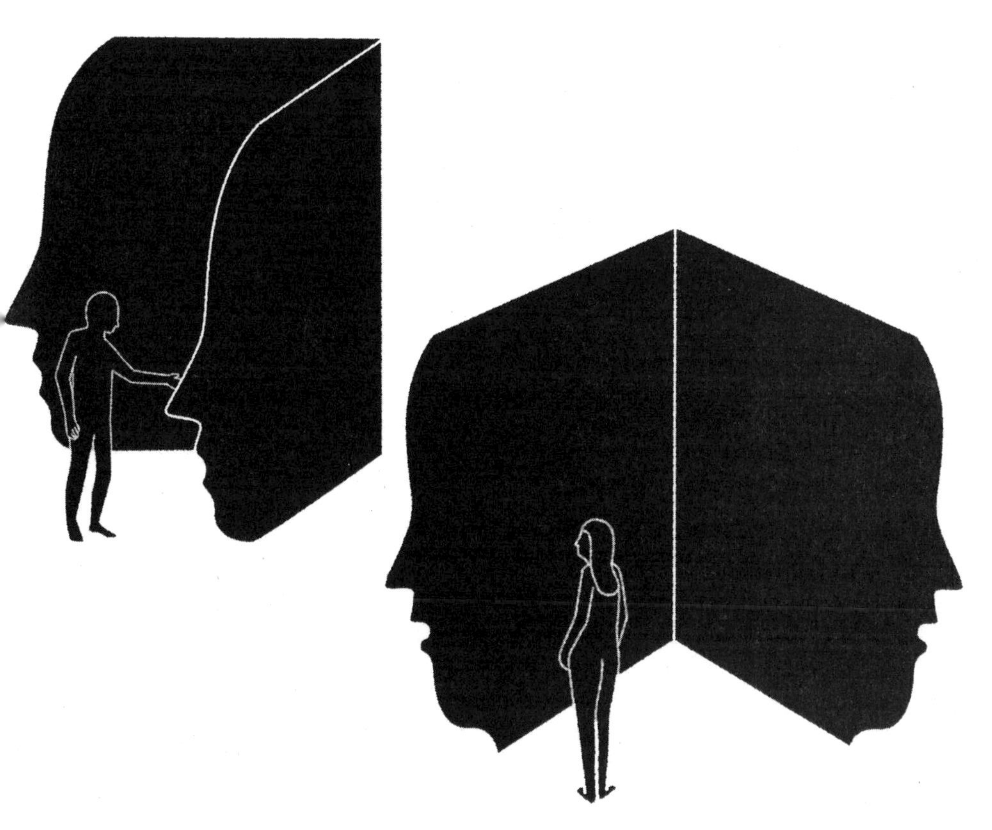

# SEGUNDO ENCUENTRO

# RELACIONES DE PAREJA

*La antropología es el estudio*
*del hombre abrazado a la mujer.*

BRONISLAW MALINOWSKI

## ¿Siempre hay una historia de *amor* detrás de una pareja?

La pareja es uno más de los tantos vínculos que podemos entablar con otra persona y, como la amistad, las relaciones familiares o laborales, tiene ciertos modos de funcionamiento que la caracterizan. Lo que nadie parece discutir es que este enlace en particular se construye sobre la base del amor. Pero ¿esto es realmente así? ¿Siempre hay una historia de amor detrás de una pareja?

La primera respuesta que surge es que sería al menos deseable que así fuera, ya que cuando alguien piensa en dos seres que comparten proyectos, tienen sexo, hijos y muchas cosas en común, pareciera imponerse la necesidad de que exista allí algo del orden del amor.

Sin embargo, antes de abocarnos a pensar en la relación que puede existir entre el concepto de pareja y el de amor, deberíamos convenir a qué nos referimos cuando hablamos de amor. Porque es una palabra que suele utilizarse de muchísimas maneras.

Recuerdo que una paciente, quejándose de su novio, dijo: «Bueno, está bien, él me quiere; en cambio, yo lo amo», que al parecer, para ella, era un sentimiento mucho más grande. Intuyo que algunos podrán estar dc acuerdo y pensarán que, en efecto, amar es más que querer. En lo personal no estoy tan seguro de esto. Luego de tantos años como analista, he comprobado que esas palabras pueden significar lo mismo o algo diferente según sea el caso. Incluso muchos idiomas, como el francés, utilizan el mismo verbo, *aimer*, para manifestar que están enamorados (*Je t'aime*) que quieren a alguien (*Je t'aime*) o que les gusta el color azul (*J'aime le bleu*).

En su artículo «Sentido antitético de las palabras primitivas», Sigmund Freud se basa en un estudio realizado por el lingüista Karl Abel para dar cuenta de una característica peculiar con la que el pueblo egipcio utilizó el lenguaje. En su trabajo se encuentra una gran cantidad de palabras con dos significados, cada uno de los cuales es opuesto al otro. Sin ir tan lejos, sabemos que en alemán, por ejemplo, la palabra *Stark* significa tanto fuerte como débil, mientras que el sustantivo *Lincht* designa a la luz y a la oscuridad y, en la ciudad de Múnich, deberemos decir *Bier* para pedir una cerveza o un vaso de agua.

Luego de dar muchos ejemplos, Abel concluye que resulta innegable que existieron muchas culturas que utilizaron las palabras para designar una cosa y su contrario.

Sin embargo, le llama más la atención que los egipcios, una civilización avanzada y compleja, tuviera palabras que en su misma escritura contenían sus antónimos (lejos-cerca, fuera-dentro o unir-separar), y llega a la conclusión de que

> el ser humano [...] no pudo obtener sus conceptos [...] sino por oposición a sus opuestos, y solo poco a poco separó los

dos lados de la antítesis y aprendió a pensar uno de ellos sin medirlo conscientemente con el otro.

Como una de las funciones de la palabra es la comunicación, fue necesario encontrar un modo de zanjar las confusiones que podían producir estas dualidades. En la escritura, por ejemplo, usaron las llamadas «imágenes determinativas» que colocaban detrás de los caracteres. Así, por ejemplo, si la palabra *ken* quería significar «fuerte», dibujaban un hombre potente a continuación; en cambio, cuando la idea que se quería transmitir era «débil», el dibujo mostraba a un hombre pequeño y arrodillado. Según Abel, en la palabra hablada, bastaba con el gesto para evitar el equívoco.

Remito al lector curioso a la lectura del texto freudiano, pero baste esta muestra para comprender que, cuando de lenguaje hablamos, las cosas son mucho más complejas de lo que podemos suponer y creer que una palabra remite a una y solo una cosa es un error.

Recuerdo que cierta vez, durante una sesión, un hombre manifestó que estaba muy confundido a raíz de una conversación que tuvo con su pareja. La joven le había dicho que ya era momento de empezar a hablar de matrimonio y él dudaba: «Tengo miedo de casarme. Estoy enamorado de ella, pero no sé si la amo».

No me quedó en claro cómo manejaba esos conceptos y tuve que indagar para saber cuál era, según él, la diferencia.

Lo cierto es que no resulta fácil definir con claridad qué cosa es el amor. De todos modos, hagamos el intento y digamos, a pesar de que parezca una obviedad, que el amor es una emoción. Aunque con esto tampoco estamos diciendo demasiado, porque ¿qué es una emoción?

Desde el punto de vista psicológico, una emoción es una idea, un pensamiento, que carece de palabras. Desde el lugar de la religión, una persona creyente podría pensar que es algo que Dios insufla en el alma; otro dirá, en cambio, que lo siente en el corazón. Bueno, a estos últimos tengo que desilusionarlos: las emociones encuentran su lugar en el cerebro. Sin embargo, nuestra cultura y su poesía han logrado que cuando alguien se emociona localice ese sentimiento en el corazón. Pero no es más que una caprichosa metáfora.

## Una historia de amor, venganza y castigo

Los griegos de la época clásica, por ejemplo, localizaban el amor en el hígado, el órgano que consideraban más importante. De allí el mito de Prometeo; ya saben ustedes cómo es la historia.

Prometeo era un titán que tuvo la osadía de engañar a los dioses en favor de los humanos. ¿Qué hizo? Fue hasta el monte Olimpo, les robó una pequeña brasa de fuego, la escondió dentro de una caña hueca, salió disimuladamente y se la regaló a los hombres, que hasta ese entonces desconocían el fuego. A los dioses no les gustó nada esa actitud y decidieron castigarlo dándole un regalo; una práctica habitual. Era bastante común que cuando los griegos hacían un presente a alguien lo metieran en un problema. Acuérdense, si no, del famoso caballo de Troya. De hecho, hay un dicho popular: «esto es un regalo griego», que intenta prevenirnos acerca de que el asunto, aunque parezca maravilloso, esconde alguna dificultad, algo que hará que todo salga mal.

Prosigamos. Los dioses le enviaron a Prometeo una mujer que llevaba una caja llena de obsequios, y esto ya tiene que ver con algo del orden de la seducción y el amor. Seguramente conocen su nombre: Pandora; y todos hemos oído hablar alguna vez de la caja de Pandora.

Pues bien, la joven, que era de una belleza extrema, después de todo la habían creado los dioses, se presentó ante Prometeo y le hizo entrega de la caja que le regalaban los habitantes del Olimpo. Este, que no les había robado el fuego justamente por ser ingenuo, le agradeció y dejó la caja cerrada en un rincón. La complicación surgió cuando su hermano, Epimeteo, que no era tan lúcido como él, la abrió movido por la curiosidad. Y se encontró con que los dioses habían encerrado allí todas las desgracias del mundo, que salieron no bien la hubo abierto. Por culpa de ese *descuido,* que podríamos pensar en el sentido del Acto Fallido, es que hoy existen todas las calamidades y sufrimos tanto.

«¿Todo por culpa de un tonto?», podría preguntar alguien. Sí, y quien no haya sufrido nunca por culpa de un tonto que arroje la primera piedra.

Alguien podrá pensar que esta historia resulta endeble para justificar los males del mundo; tanto como creer que los padecimientos existen porque a una mujer se le ocurrió morder un fruto.

Volviendo a nuestra historia. Al ver que al abrir la caja escapaban la desdicha, el desamor y el sufrimiento, entre otras fatalidades, Prometeo se abalanzó sobre ella y logró cerrarla, dejando atrapada, al menos, una cosa: la esperanza. De donde se deduce que, para los griegos, como para mi amigo Alejandro Dolina, la esperanza era un castigo más.

Piensen en lo que ocurre cuando alguien es abandonado por su pareja. Les aseguro que una de las peores cosas que le puede pasar a esa persona es quedar esperanzada.

Cierta vez me confesó una paciente que estaba muy enojada, aunque sería más exacto decir que en realidad se sentía humillada y dolida, porque su novio era un ser despreciable y cruel. Le pregunté por qué decía eso. Me contó que el joven había decidido dejarla y que al momento de despedirse, lo abrazó y le dijo que a lo mejor, dentro de un tiempo, la vida volvería a juntarlos. El muchacho, sin responder a su abrazo, con total frialdad, la miró y sentenció: «No. Eso no va a pasar nunca».

Ella sostuvo que lo que él había hecho era un acto de maldad e intervine diciéndole que quizás, con ese gesto, la estaba ayudando; pues al decirle que no tuviera ninguna esperanza, la instaba a que empezara a elaborar el duelo ya mismo sin esperar que la llamara o tomara contacto de alguna manera.

El hombre podría haber optado por una actitud más suave y cobarde; incluso hubiera sido más fácil para él. Sin embargo, enfrentó la situación con sinceridad, no dejó puertas abiertas, renunció a la despedida tierna y la enfrentó con una verdad dolorosa, pero verdad al fin. Es decir: no más. Se acabó. Y ese fue un gesto importante.

Para los analistas, es común trabajar con pacientes que atraviesan una situación como esta, y sabemos algo:

**Para que alguien pueda empezar el trabajo de duelo es fundamental que admita antes que hay algo que ha perdido.**

En ese sentido, la esperanza suele ser una dificultad extra para realizar ese trabajo.

Recuerdo haber leído la historia de un hombre condenado al infierno. Todos los días era sometido a innumerables tormentos y demonios cada vez más crueles lo visitaban para martirizarlo. Cuando ya había perdido la cuenta del tiempo que llevaba en el lugar, una noche, notó que en un descuido el guardián había dejado la puerta mal cerrada. Una conmoción recorrió su cuerpo maltrecho. ¿Sería posible escapar de allí? ¿Habría otra oportunidad para él?

Con mucho cuidado, experimentando un miedo tal que amenazaba con paralizarlo en cualquier momento, salió de su celda y comenzó el ascenso. Lo hizo con mucho cuidado, intentando eludir a los monstruosos carceleros que rondaban por los pasillos. Hasta que luego de un recorrido que le pareció eterno, divisó la luz. Había llegado por fin a la puerta de salida. El corazón latió en sus sienes mientras abría la última reja. El aire fresco le acarició el rostro y sonrió. Solo un instante. Entonces, una maligna carcajada le devolvió la angustia y unos brazos enormes lo alzaron para conducirlo por la oscuridad nuevamente hasta la celda. Antes de encerrarlo, esta vez para siempre, unos ojos llameantes lo observaron y una voz infernal le susurró: «Ahora sí. Te faltaba conocer el más grande y fatal de los tormentos: la esperanza».

Terminemos la anécdota de Prometeo. Ustedes saben que los griegos, antes de comer, debían ofrendar una porción del alimento a los dioses. Entonces, se preguntaron qué parte de los animales iban a darles, y Prometeo sugirió: «dejemos que sean ellos quienes elijan; después de todo son los dioses». Introdujo en una bolsa lo peor: las vísceras, la grasa y los huesos, todo cubierto por un hermoso pedazo de carne (lo cual, a los analistas nos remite necesariamente al sueño de La Bella Carnicera). A continuación, puso en otra bolsa lo más sabroso, lo tapó con unos huesos impresentables y pidió a los dioses que tomaran lo que quisieran; y ellos cayeron en la trampa. Eligieron la bolsa que tenía los deshechos y, a partir de entonces, quedó establecido que todo lo que se les ofrendaría era lo que ellos mismos habían elegido. Es decir, lo peor. Como analista sé que no es la primera vez que alguien elige lo peor para su vida. Pero volvamos al mito.

Imaginen ustedes que a Zeus y los suyos no les hizo mucha gracia esta nueva treta de Prometeo y, ya cansados del titán, le impusieron un castigo. Lo condenaron a estar estaqueado sobre un monte para que un cuervo le comiera el hígado cada mañana. Sin embargo, como el órgano se regeneraba durante la noche, el ave podía volver cada día y reanudar el ciclo. Y así sería, por toda la eternidad. ¿Por qué el hígado? Porque, como dijimos, para los griegos de la época clásica era el órgano más importante.

No es difícil encontrar en este mito algunos elementos que nos remiten a la religión judeocristiana. Prometeo, quien roba el fuego sagrado (metáfora del conocimiento) para dar a los hombres lo que hasta ese momento era solo patrimonio de los dioses, nos recuerda a Eva y la manzana de la ciencia, cuya mordida desató los males del mundo, aunque sin la necesidad de caja alguna. Y a qué negar que este gigante que carga, ya no sobre sus hombros sino sobre su hígado, la culpa por sus actos de amor a los hombres tiene algo del Cristo.

Más allá de estos juegos metafóricos, el amor tampoco es generado en el hígado, por mucho que se enojen los dioses del Olimpo ya que, como dijimos:

**Los sentimientos no son más que pensamientos silenciosos. Emociones sin palabras.**

Por eso se nos dificulta tanto referirnos al amor; porque estamos hablando de algo a lo cual es muy difícil ponerle palabras. De allí que muchos, si pudieran, inventarían un aparato que les permitiera saber con certeza cuánto los quieren.

Ante la falta de tan preciado instrumento, nos conformamos con metáforas geográficas. Y así alguien dice a su pareja que la quiere hasta el cielo y ella, que desea marcar que su amor es más grande, le responde que también lo quiere hasta el cielo, pero ida y vuelta.

## Siempre habrá algo que no podamos saber (¿es la pareja un llamado de la *especie*?)

Dado que estar en pareja es una experiencia que le ocurre a la mayoría de las personas en algún momento de sus vidas, incluso de un modo recurrente, alguien podría preguntar entonces si no habrá un llamado de la especie que nos impulsa a relacionarnos de ese modo con otro.

En una de las escenas de la película *El lado oscuro del corazón*, la actriz que encarna el papel de la muerte, le dice al protagonista: «Pero ¿no te has dado cuenta aún de que el amor es solo una trampa de la naturaleza para perpetuar la especie?».

Si esto fuera así, diríamos que el amor es un invento de la cultura para viabilizar un condicionamiento natural. Sería como decir que el amor es una necesidad instintiva y me apresuro a aseverar que no es así: el ser humano tiene una diferencia crucial con los animales, y esa diferencia es justamente que carece de instinto.

Cierta vez expuse esto en una conferencia y una mujer me preguntó qué pasaba entonces con el instinto materno. Le respondí que tampoco era algo que existiera y me increpó diciendo que no estaba de acuerdo; que no podía explicármelo porque era una sensación intransferible. Dijo que, como soy hombre, probablemente no pudiera entenderlo. Pero ella sí, porque era madre y me aseguró que el instinto materno es algo que se siente.

Parado en esta encrucijada, me permito dar una rápida definición:

**El instinto es una fuerza que conlleva un saber natural e impulsa a todos los miembros de una especie a tener actitudes similares frente a las mismas circunstancias.**

Piensen en los elefantes, por ejemplo. Cuando llega el momento de su muerte, caminan hacia un determinado lugar porque allí deben quedar sus huesos para siempre. No lo deciden, no dudan al respecto, no se lo cuestionan, simplemente saben que deben hacerlo y no pueden evitarlo. Pues bien, ¿alguien ha visto alguna vez una fila de hombres y mujeres agonizantes caminando por la avenida Corrientes, una de las vías principales y más populares de Buenos Aires, en dirección al cementerio más grande del país, la Chacarita? ¿Verdad que no?

Sin embargo, no quiero esquivarle a la cuestión del instinto materno. Reparen en las noticias. ¿Nunca leyeron o escucharon que una madre abandonó a su bebé recién nacido en un basurero? Pues bien, esa actitud a la que calificamos de «inhumana» es justamente todo lo contrario, ya que demuestra que es una hembra perteneciente a nuestra especie, y por lo tanto, no hubo ninguna información instintiva que le dijera que no debía hacer lo que hizo. Hay quienes dicen: «los chicos no vienen con un manual bajo el brazo que les indique a los padres cómo actuar». Es cierto. Ese manual sería el instinto, y como carecemos de él, debemos admitir algo:

**En el ser humano, incluso algo tan importante como la maternidad, debe construirse. Y los orígenes de esa construcción**

**se encuentran allá lejos, cuando la mamá, aún niña, jugaba a las muñecas e iba desarrollando un ideal cultural de lo que es ser madre.**

Por suerte, en oposición a nuestro ejemplo, hay muchísimas mujeres que pelean por la vida de sus hijos de un modo increíble. Increíble, sobre todo, para el instinto.

Sabemos que la mayoría de los animales, cuando tienen una cría enferma y con pocas posibilidades de vida, la apartan para ocuparse de los otros. No lo hacen por buenos o malos, sino porque eso les indica el instinto que deben hacer, cuidar a las camadas fuertes que tienen más posibilidades de subsistir y perpetuar la especie. En cambio, nosotros hemos elaborado medicamentos, respiradores artificiales, métodos quirúrgicos intrauterinos y un sinfín de alternativas para contrariar ese mandato de la naturaleza en pos de una actitud cultural y humana.

La maternidad es una forma más de relacionarse con alguien, en este caso un hijo. La pareja o la amistad son otras, pero ninguna de ellas es natural. En el hombre, todas las relaciones se construyen sin un saber instintivo. Y tal vez la sexualidad sea el terreno en el que es más fácil demostrar que el instinto no existe para nosotros como sí para los animales.

## Una sexualidad muy particular (o nada *natural*)

La primera y principal de las diferencias entre la sexualidad animal y la humana es justamente que, mientras la primera se encuentra bajo el dominio del instinto, este no existe en lo más mínimo en el hombre. Tenemos, en cambio, una fuerza, una energía que nos empuja permanentemente, pero cuyas características son sustancialmente diferentes a las del instinto. A esta energía la llamamos Pulsión.

Aclaro que no se trata solo de una distinción terminológica, sino de una diferenciación mucho más profunda. El instinto, como ya dijimos, implica la existencia de un saber prefijado para los miembros de una especie que los lleva a tener ciertos comportamientos de los que no pueden apartarse. En el caso de la sexualidad, le indica al animal que debe unirse a otro de la misma especie y diferente género para posibilitar entre ellos la unión con un fin reproductivo. Es decir que el instinto impulsa, por ejemplo, al perro a ir en busca de una perra (no cualquiera, sino una que debe estar en celo) para poder tener un encuentro genital con la finalidad de procrear.

Recuerdo cierta escena de una novela que leí hace ya mucho tiempo y cuyo nombre he tenido la precaución de olvidar. La protagonista era una condesa que se sentía profundamente atraída por el joven que estaba encargado del cuidado de sus caballos. Un día en el que su esposo se ausentó, vio desde la ventana de su cuarto al muchacho y sintió el impulso de ir a su encuentro. Entonces, salió de su castillo, se dirigió a la caballeriza e ingresó en el preciso instante en que el hombre estaba soltando al caballo padrillo para que sirviera a las yeguas. Una vez libre, el animal se fue directamente hacia una de ellas y la montó de inmediato. La condesa miró extrañada lo acontecido y dijo:

—Qué caballo más estúpido, ha elegido a la más fea de todas.

Él sonrió y pasó a explicarle:

—Lo que ocurre, señora, es que es la única que está en celo. Y un animal tiene la capacidad de percibir cuando una hembra está esperando ser montada.

La mujer lo miró directamente a los ojos y replicó:

—Ya me parecía que algo les faltaba a ustedes los hombres.

Y tenía razón la condesa. Obviamente, lo que nos falta a los hombres y a las mujeres es el instinto.

Continuemos. En la descripción que hicimos acerca del comportamiento sexual del animal, entran en juego tres elementos: el objeto, la zona erógena de contacto y la finalidad. Analicemos cada una de ellas y notaremos las diferencias existentes entre el instinto y la pulsión. Empecemos, entonces, por la más fácil de diferenciar: la finalidad.

Dijimos que el fin del encuentro sexual instintivo es la reproducción. Yo les pido que, en un pequeño ejercicio de no más de cinco segundos, el lector cierre los ojos e intente repasar cuántas de las ocasiones en las que tuvo relaciones sexuales lo hizo para procrear.

Seguramente, la respuesta será que todavía nunca, o en dos o tres oportunidades, o veinte si quieren. Sin embargo, estoy convencido de que la mayoría de las veces la finalidad ha sido otra. ¿Cuál? El placer. Y esta es una diferencia enorme.

**El ser humano tiene relaciones sexuales porque lo disfruta y su finalidad no responde al instinto sino a la pulsión; esa fuerza que nos empuja, no a la procreación, sino a la búsqueda del placer.**

A esto responde la permanente investigación sobre métodos anticonceptivos realizada a lo largo de la historia y las medicaciones que van apareciendo para prolongar la vida erótica, aun cuando la naturaleza ya no nos necesite como reproductores de la especie.

Tomemos ahora otro de los elementos: el objeto. Planteamos que el objeto sexual de un animal es otro de la misma especie pero de diferente género; un principio que claramente no se aplica a las personas, ya que no siempre el objeto erótico de un hombre es una mujer. Por el contrario, muchas veces un hombre encuentra el motor de su pasión en otro hombre y una mujer en otra mujer. Pero vayamos más allá de esto. En algunas ocasiones, la pulsión ni siquiera exige la presencia de otro ser humano y se contenta con una parte de él.

El exhibicionista es un claro ejemplo. No busca siquiera tocar al otro, se contenta y erotiza con su sola mirada. Por eso se exhibe, para atraer esa mirada que es el real objeto de su excitación. Pero avancemos un paso más y digamos que hay circunstancias en que el objeto generador de la excitación ni siquiera debe tener «forma humana». Es lo que ocurre en el caso del fetichismo, donde aquello que erotiza puede ser la presencia de un pañuelo en el cuello o un par de botas, sin lo cual la mujer carece de todo atractivo y pierde su interés. En capítulos posteriores desarrollaremos mejor este tema. Apenas quería instalar la idea de que el objeto del erotismo humano puede ser cualquiera y variar según cada miembro de nuestra especie, que en Psicoanálisis llamamos *sujeto*.

Por último, abordemos el tema de las zonas erógenas comprometidas en el juego sexual y veremos que, en la unión de dos personas, los genitales juegan un papel significativo pero de ninguna manera único y determinante. Prueba de ello es el más común de los intercambios físicos entre dos personas: el beso. Allí son los labios los que se instalan como la zona erógena capaz de dar placer y despertar la excitación. Otras veces, ni siquiera es necesario que los cuerpos se rocen, basta con la mirada o la palabra para erotizar. Piensen en esas llamadas nocturnas que los novios se realizan, avanzan en intensidad y se ponen cada vez más fuertes hasta que alguno interrumpe el diálogo y dice: «basta o voy para allá». Aunque también podría darse que encontraran la satisfacción en el juego mismo, sin necesidad de más.

Imagino que a estas alturas muchos se estarán preguntando si estos ejemplos no pertenecen al territorio de las perversiones y no al de la normalidad. No es una mala pregunta ni una duda infundada:

**Dada su ruptura con lo natural, toda sexualidad humana es perversa por definición.**

Me veo en la obligación de aclarar que, como psicoanalista, cuando utilizo el término *perversión* no estoy pensando en algo malo o inmoral, como suele ocurrir en el uso corriente de esta palabra, sino en una manera particular de relacionarse; un modo que tiene sus propias reglas y que no se liga necesariamente con algo dañino. Aunque de esto también hablaremos más adelante.

## La idea de la sexualidad cambió a partir del Psicoanálisis

El Psicoanálisis ha tenido mucho que ver en esta ruptura con el modelo de la sexualidad natural. Otra gran revolución que generó la teoría freudiana tiene su origen en un escrito fundante que se llama *Tres ensayos para una teoría sexual.* Allí, Freud expone que el erotismo ha sido entendido de diversas maneras según los tiempos. Hasta su llegada, se pensaba que la sexualidad era algo que no existía en la infancia, empezaba a aparecer con la pubertad y duraba, según cada persona, hasta los sesenta o setenta años más o menos.

Los analistas sabemos que esto es falso:

**La sexualidad nace con el ser humano y lo acompaña hasta el último momento de su vida.**

Basta con mirar a un bebé para advertirlo. Reparemos en ese instante tan hermoso en el cual el hijo se ha quedado dormido después de ser amamantado y, sin embargo, sigue succionando del pecho materno, no para alimentarse, sino porque eso lo calma y le da placer. Se trata de un momento de fuerte contacto erótico entre el chico y la mamá. Obviamente, desde el adulto es despojado de su contenido sexual y sublimado bajo la forma de la ternura, pero no otra cosa que la búsqueda del placer mueve al bebé a seguir prendido del pezón cuando ya ha saciado su hambre.

¿Y qué ocurre, por ejemplo, cuando un chico de tres o cuatro años dice con total naturalidad: «cuando sea grande me voy a casar con mamá»? Los adultos sonríen y les parece un comentario lleno de ternura; sin embargo, lo que el hijo está manifestando es que la madre es el objeto de su amor y su deseo. Y no podría hacerlo más claramente que diciendo lo que dice, que cuando sea mayor quiere ser el hombre de esa mujer. Quien quiera oír, que oiga.

Como vemos, la sexualidad humana es compleja y no es de extrañar, entonces, que sea tan problemática y causa habitual de muchos de los trastornos afectivos que se sufren en la adultez.

Sin embargo, esta manera tan única de relacionarnos con el erotismo, nos permite crecer, mejorar, disfrutar e incluso nos da la posibilidad de derivar esos impulsos en la consecución de causas nobles y creativas. A ese proceso lo llamamos «Sublimación».

Cierta vez, una paciente a la que le costaba mucho relacionarse sexualmente, me dijo que había observado un programa de TV en Animal Planet y concluyó que la sexualidad era mucho más difícil para nosotros que para los animales. No se equivocaba. Pues en tanto que el animal no duda, porque el instinto le confiere un conocimiento natural sobre qué hacer, cuándo, cómo y con quién, para el sujeto humano no hay saber posible acerca de la sexualidad.

Se ha hecho famosa una frase de Lacan: «La relación sexual no existe». Es difícil explicar la teoría lacaniana porque se basa en una terminología muy específica y compleja. Pero digamos al menos que lo que quiere decir es que no existe la posibilidad de saber claramente qué es un hombre y qué una mujer. Es obvio que no hace referencia a las diferencias anatómicas, que son claras y evidentes, sino a la imposibilidad de encontrar una relación simbólica entre el goce masculino y el femenino.

Hace muchos años, Freud lo había planteado a su manera diciendo que en el Inconsciente no había registro del órgano sexual femenino. De allí que, al explicar la diferencia de género, los padres dijeran a los chicos que «los varones tienen pene y las niñas no». Observen cómo, desde el uso cotidiano, se daba cuenta de esta ausencia de representante del genital femenino en el Inconsciente.

Es evidente que, desde lo biológico, a la mujer no le falta nada. Sin embargo, psíquicamente no existe una adecuación entre los géneros, lo que hace que en el ámbito de lo humano no sea tan fácil decir qué es tener sexo.

Por ejemplo, una joven a la que atendí hace muchos años, decía ser virgen porque solo había tenido relaciones anales.

Como vemos, es un territorio plagado de desconocimiento. Sabemos, eso sí, que allí está la pulsión con su fuerza de empuje. Dependerá de cada quien aprovechar esa energía para construir un entorno de placer y respeto, para sí mismo y los demás.

Es cierto que la sexualidad animal es natural, lo cual no quiere decir que sea mejor. Al contrario. Precisamente la carencia del instinto es lo que da al sujeto humano ni más ni menos que la posibilidad de elegir. Y entre esas elecciones, estar en pareja es una opción más, aunque durante muchísimo tiempo haya sido un mandato tan fuerte que condenaba a estar en pareja a cualquier costo. Si alguien llegaba a adulto y permanecía solo, aparecían los comentarios maliciosos: «¿Y a este qué le pasa? ¿Será medio rarito?». O, «Pobrecita la tía Martha; se quedó solterona»...

Sospecho que, a la luz de lo que estamos planteando y teniendo en cuenta además los conflictos que las relaciones de pareja suelen generar, alguno podrá cuestionarse incluso si no es más inteligente el comportamiento animal; unirse solo para procrear y perpetuar la especie sin involucrar sentimientos que puedan lastimarlos.

Lo cierto es que no hay inteligencia en el saber que da el instinto. Inteligencia viene de *inteligir*: «capacidad de diferenciar, categorizar y discriminar antes de decidir». El animal no elige, solo responde. El ser humano, en cambio, puede ejercer una cierta libertad, aunque se trate de una libertad supeditada a la historia personal de cada sujeto.

**Nadie elige libremente y, desde las sombras del pasado, algo nos impulsa inconscientemente a optar por un camino y no por otro.**

Como escribió Alejandro Dolina: «Me llevan rumbo al fracaso, pasos que nacieron antes que mis pasos».

## El deseo no se detiene jamás (nadie puede garantizar el amor eterno)

Recién planteamos que la pareja es una elección. Pero ¿decir que es una elección significa que es una decisión voluntaria? ¿Es posible elegir amar para toda la vida a una misma persona? Y si fuera así, ¿qué pasa entonces con lo que llamamos *la metonimia del deseo*?

Para decirlo de un modo simple, hablar de la metonimia del deseo es una manera de decir que se desplaza siempre de un objeto a otro, que no se detiene nunca y no hay manera de satisfacerlo de una vez y para siempre.

**Todo deseo es, básicamente, un deseo insatisfecho. La pulsión, ese empuje que no cesa, garantiza justamente la imposibilidad de alcanzar la satisfacción total y asegura nuestra condición de sujetos deseantes.**

No importa lo bien que estemos en una situación, eso no impedirá que se desplace siempre hacia otra cosa.

Asumo que esta formulación no es agradable, porque cuando alguien ama quiere que su pareja no desee a nadie más.

**El amor genera la ilusión errónea de que podrá interrumpir la metonimia del deseo.**

Por eso, quien se enamora tiene la fantasía de que el otro no va a desear a nadie más. Pero si alguien es sincero y se conoce, reconocerá que este anhelo es imposible.

**Nadie deja de desear porque esté enamorado.**

Esta constatación desespera y pone muy nerviosas a las personas inseguras. Aun así, no hay nada que puedan hacer, pues el deseo seguirá su derrotero les guste o no.

Un paciente me dijo que ésa era una excelente excusa para darle a su mujer si lo encontraba con otra: «Mi amor, no es mi culpa, es la metonimia del deseo».

Más allá de que el comentario tiene su gracia, no es verdadero. No es imposible ser fiel. Dentro de esa mínima capacidad de elección que dijimos tiene el ser humano, cada quien debe hacerse cargo de lo que hace con su deseo. Ésa es otra de las ventajas de nuestra especie; porque en tanto que el perro no se cuestiona qué hacer ante la presencia de una perra en celo, un hombre en cambio puede advertir que está frente a una mujer hermosa y, aun así, volver a casa con su familia. Esto es solo un ejemplo y de ningún modo un consejo de cómo comportarse. No me corresponde ocupar ese lugar y cada quien tomará sus propias decisiones. Apenas señalo que:

**El hecho de que el deseo sea imposible de detener, no nos quita la responsabilidad que nos cabe sobre nuestros actos.**

Ahora, volviendo a la pregunta de si puede elegirse a alguien para siempre, considero que es una interrogante que solo encuentra respuesta en el minuto final, cuando alguien mira hacia atrás y constata que ha estado todos esos años al lado de la misma persona. Casi lo imagino mientras toma la mano de quien ama, lo mira con emoción y dice: «Mira, tú, qué lindo. Pasamos toda la vida juntos». Es posible, entonces. Pero de ningún modo puede jugarse como una demanda inicial.

**Es demasiado pedirle a una relación que dure para toda la vida.**

Con respecto a esto, me permito contar una pequeña anécdota que involucra a un paciente, un hombre algo obsesivo que tiene todo un tema con la ley. Por ejemplo, cierta vez lo detuvo un policía y, cuando le pidió el registro, él le preguntó:

—¿Por qué?

—Bueno —dijo el agente—, porque quiero ver que tenga todo en regla.

—Está bien —le respondió—, pero antes usted dígame su nombre, su cargo y muéstreme su identificación.

—Es que la tengo en la oficina, allá adentro.

—Bueno, vaya a buscarla; yo lo espero.

Se trata de una persona simpática e inteligente, pero como todos, cuando el síntoma aparece, se obnubila. Y ocurrió que el día de su casamiento, este tema que tiene con la autoridad lo llevó a protagonizar una escena bastante particular. Imaginemos la situación: sala del registro civil, los novios, los testigos, los invitados y el juez, representante de la ley.

Ustedes saben que los jueces cívicos suelen ser amables y simpáticos. Por lo general presiden situaciones gratas, elegidas. Volviendo a la anécdota, la cuestión es que el juez le hizo la pregunta de rigor: «¿Acepta por esposa a esta mujer para amarla, respetarla, serle fiel y cuidarla por el resto de su vida hasta que la muerte los separe?».

Mi paciente lo miró y respondió: «De ninguna manera puedo jurarle eso».

Imaginen la cara de la novia y de todos los presentes. El magistrado lo miró asombrado y él, muy tranquilo, casi ajeno a la situación que acababa de generar, le dijo que se encontraba ante un juez de la Nación que le estaba tomando una declaración jurada y no pensaba mentirle.

—Usted pretende que le jure que yo voy a amar toda la vida a esta mujer —la señaló— y no la voy a engañar nunca. La verdad es que no puedo prometerle eso. ¿Qué sé yo si la voy a amar para toda la vida?

La novia, que lo conocía muy bien, lo codeaba y le decía en voz baja: «basta; contéstale lo que quiere escuchar».

Finalmente, el hombre expresó que lo único que podía decir con seguridad era que ese día en particular deseaba casarse con ella. Y el juez, para regocijo general respondió: «voy a tomar eso como un sí».

Es claro que la actitud de este paciente fue extrema y tomó la palabra sin metáforas románticas como si fuera *un real*. Sin embargo, con su postura, denunció una verdad:

**En el amor no hay garantías; decirle a alguien que vamos a amarlo toda la vida es solamente una caricia, un despliegue más del juego erótico.**

La pareja es un ámbito complejo y, con suerte, la persona que dice que va a amar siempre, apenas está manifestando un anhelo que tiene aquí y ahora; algo que puede cambiar en el futuro. ¿Esto quiere decir que está mintiendo? De ninguna manera. Seguramente lo viva de ese modo.

**El impacto que generan el amor y el deseo es tan intenso, y el momento presente golpea con una potencia tal que el enamorado experimenta la sensación de que no ha existido pasado ni habrá futuro.**

De allí que, cuando alguien le confiesa a su pareja que jamás sintió con nadie algo parecido, es posible que esté siendo sincero, aunque lo que le diga no sea cierto.

Parece una contradicción, pero no lo es. Porque una cosa es la realidad, llamémosla *objetiva* (si es que esto fuera posible), y otra muy distinta la realidad *psíquica*. O, para decirlo en términos psicoanalíticos:

**Una cosa es la realidad y otra muy distinta es la verdad.**

¿De qué lado queda cada una? La verdad siempre está del lado del sujeto; al menos la que nos importa encontrar en análisis. Una verdad única y particular. Por eso, el analista no tiene en cuenta las opiniones del entorno del paciente. Considera, eso sí, la manera en que estas impactan en quien está acostado en el diván.

Recuerdo que una vez llamé a la casa de una paciente joven porque necesitaba modificar un horario. Atendió la madre, me presenté y pedí hablar con su hija. Ella, muy entusiasmada, me dijo: «Ah, qué suerte que llamó. Con usted quería hablar, porque las cosas no son como ella se las cuenta».

La mujer no sabía qué me había contado su hija, pero era evidente que tenía una idea distinta acerca de qué ocurría en esa familia. Le hablé con mucha amabilidad, sin dar lugar al diálogo ni las confidencias. No correspondía y, además, no importaba lo que ella tuviera para decir. Como analista, trabajo con la realidad psíquica de mis pacientes, aunque los hechos objetivos no sean como ellos los cuentan. Es solo por esa vía que puedo acceder a sus deseos. Deseos que, seguramente en muchos casos, pueden acarrear problemas.

Por ejemplo, volviendo al tema de la pareja, cierta vez alguien me confesó que en el momento mismo en el que se estaba casando, ya sabía que cometía un error, que no era lo que deseaba. «Pero ¿qué iba a hacer —preguntó— tirar todo para atrás, la fiesta, el vestido, los invitados?».

No se animó y, por no asumir los costos en ese momento, tuvo que pagarlos después. Y hay quienes pagan un precio demasiado elevado por no atreverse a escuchar lo que desean.

Pero, volviendo a la pregunta inicial: ¿existe el amor para siempre? La práctica clínica me ha demostrado que:

**Es posible que en la vida de alguien haya muchos amores para siempre, porque todo amor se vive, en el presente, como si fuera para toda la vida.**

Sería muy triste que no fuera así; algo que solía darse cuando la motivación para estar en pareja era aquel mandato social del que hablamos y no un verdadero deseo.

## No todos eligen estar en pareja por las mismas causas

No es un tema menor el motivo por el cual una persona decide estar con otra. He conocido algunas mujeres que querían desesperadamente armar una pareja solo porque habían pasado los cuarenta años y el anhelo de maternidad las forzaba a encontrar a un hombre con quien inventar un amor allí donde, a lo mejor, no había nada.

Recuerdo que cierta vez una paciente me dijo que tenía la *necesidad* de encontrar una pareja con urgencia. Se equivocaba.

**En el ser humano, excepto algunas pocas funciones mínimas y necesarias para mantener al organismo con vida, la necesidad está perdida.**

Por eso fue tan interesante para el devenir de su análisis cuando pudo cuestionar esa supuesta necesidad de tener una pareja y, luego de un tiempo, llegó a la conclusión de que en realidad se trataba del deseo de tener un hijo. La pareja apenas era un medio que creía imprescindible para realizar su verdadero anhelo.

Lo cierto es que las motivaciones para estar con alguien pueden ser muchas y diversas. Hay quienes buscan una relación para sentirse completos o porque les asusta la posibilidad de quedarse solos.

Con respecto a lo primero, como dijimos en el capítulo anterior, es verdad que hay un sueño de completud que el amor parece poder cumplir. Por poco tiempo, pues esa sensación es fruto de la etapa de enamoramiento, que no es más que una locura pasajera. ¿Por qué una locura?

Porque genera en el enamorado la idea, casi el delirio, de que no le falta nada. En ese sentido, el efecto que produce se parece al que crea el embarazo en algunas mujeres: esa vivencia de estar completas. Se tocan la panza, están contenidas en sí mismas y pareciera ser que nada les faltara. Por eso es tan común la aparición de lo que se llama depresión postparto. Porque cuando se encuentran nuevamente *solas e incompletas*, se angustian.

Son muchas las personas, sobre todo si no se han analizado, que buscan en el amor la posibilidad de que alguien los complete para renegar de la falta. Algo imposible de lograr. No pierdan de vista lo que dijimos al hablar del mito de los andróginos y de la poesía de Borges:

**La inútil ilusión del enamorado es fundirse en el otro y hacer de dos un mismo ser.**

# *INTERLUDIO 0*
# EL LENGUAJE MATA LA NECESIDAD

La condición diferencial del ser humano es el lenguaje; un lenguaje que no está dedicado únicamente a generar la comunicación y que, de hecho, falla bastante en ese objetivo. Porque se trata de una estructura incompleta y siempre faltará al menos una palabra —sería más correcto decir un Significante— para poder decirlo todo y lograr la significación buscada.

¿Cuántas veces alguien manifiesta que no encuentra las palabras para transmitir lo que quiere, o se defiende argumentando que aquello que el otro interpretó no fue lo que quiso decir? He allí otra de las consecuencias de estar sujeto a la palabra: el malentendido.

En este *Interludio* quisiera resaltar que:

**Para el sujeto humano, en tanto que hablante, la necesidad está perdida.**

Lacan intentó transmitir el Psicoanálisis de un modo diferente al que lo había hecho Freud, quien quería ser entendido. Anhelaba que su teoría fuera incorporada al campo de las ciencias médicas y, para lograrlo, debía hacerse comprender y aceptar por sus colegas.

Tras su muerte, los posfreudianos desarrollaron una interpretación particular de los textos fundantes y, a partir de sus lecturas amenazaban con quitar al Psicoanálisis la profundidad que lo caracteriza. Lacan les salió al cruce con una propuesta teórica extremadamente compleja pues, al contrario de Freud, no desea ser entendido por todos, sino solo por aquellos que estuvieran dispuestos a estudiar trabajosamente el arte del análisis. De allí que su transmisión esté poblada de ecuaciones matemáticas, figuras topográficas o esquemas geométricos. De ese modo buscaba acotar al máximo la posibilidad del malentendido.

En el primer piso de lo que se llama «el grafo del deseo», intenta una explicación que nos resultará muy interesante para seguir avanzando.

Imaginemos como punto de partida a un bebé mítico que parte de la pura necesidad. Claramente, si el cachorro humano fuera solo un animal más, iría directamente en busca del objeto que calma esa necesidad. Pero no lo es, y entonces lo que hubiera sido un simple trámite se transforma en un arduo trabajo. Porque, como hemos dicho, el sujeto está atravesado por la palabra y lo que necesita debe pedirlo.

Sin embargo, no basta con que demande algo para que lo consiga, pues antes debe hacerse entender. En este punto, el lenguaje aparece como una dificultad, porque lo desvía del camino que «naturalmente» lleva al objeto de la satisfacción y lo obliga a generar un mensaje dirigido a un «Otro» que deberá decodificarlo.

Si la palabra pudiera decirlo todo, allí se acabaría la cuestión. Alguien pediría lo que necesita, el otro lo entendería y sabría cómo satisfacer esa demanda. Al no ser así, la intención del emisor queda relegada a la interpretación del receptor. Es decir que el sujeto queda ante la sanción caprichosa que el otro haga de su demanda.

Como lo expresan D'Angelo, Carbajal y Marchilli: «El viviente que partía de un estado mítico se ha transformado en un sujeto barrado, y su intencionalidad ha sido abolida». Aquello que barra al sujeto es, precisamente, el lenguaje que lo sujeta y le propone un mundo que nada tiene que ver con lo natural.

Los términos *emisor* y *receptor* no pertenecen al campo del Psicoanálisis sino a la teoría de la comunicación. Los utilizo porque resultan más claros para el lector que no está acostumbrado a términos tales como *tesoro de los Significantes*, *significado* o *signo*.

El hecho claro es que toda comunicación es fallida porque nadie puede pedir (demandar) exactamente lo que desea, pues le faltará al menos una palabra. Eso que queda sin decir en la demanda es lo que llamamos *objeto a*, u *objeto causa de deseo*. ¿Por qué? Porque esa diferencia que cae en el discurso produce una insatisfacción que movilizará todo el tiempo el deseo del sujeto.

Alguno se preguntará qué tiene que ver esto con el amor: todo. Recordemos la fórmula lacaniana: «dar lo que no se tiene a alguien que no es». Entonces:

**Es condición del amor que algo falte, y esa falta solo existe porque estamos atravesados por el lenguaje.**

## TERCER ENCUENTRO

# EL AMOR ES UN PUNTO DE LLEGADA

*¿Es el amor un arte? En cuyo caso requiere conocimiento y esfuerzo. ¿O es el amor una sensación placentera cuya experiencia es una cuestión de azar, algo con lo que uno «tropieza» si tiene suerte?*

ERICH FROMM

## Dorian Gray, un recuerdo infantil

El día de nuestro tercer encuentro reparé en el hecho de que muchas caras ya me iban resultando familiares, y otras nuevas se sumaban, como cada sábado; pido perdón por la sinécdoque. Ya saben ustedes, la sinécdoque es una figura retórica que implica tomar la parte para referirse al todo. Así, Borges dice: «llamaron a la puerta una voz y un nombre». Bueno, de un modo mucho menos poético y eficaz, he escrito que encontré «caras», en lugar de decir «personas»; ocurre que, aunque estuviéramos en un ámbito tan poco formal como un café, los juegos del lenguaje forman parte del Psicoanálisis y, por ende, de mi modo de hablar y pensar.

Como saben, habíamos convenido dedicar estos encuentros a cuestiones relacionadas con el amor, uno de los temas fundamentales en la historia de la humanidad. Por amor se han llevado a cabo hazañas, traiciones, sacrificios personales e incluso guerras.

Lejos de esas epopeyas trágicas, para abrir este capítulo quiero contar una experiencia personal.

Hace algunos años, por cuestiones de trabajo, hice un viaje a París que, como todos saben, es una de las ciudades más bellas del mundo. Allí se puede caminar por los puentes del Sena, ver la Torre Eiffel, recorrer la catedral de Notre-Dame, el barrio de Montmartre, el museo del Louvre y muchas otras maravillas. Pero esa tarde mi deseo era otro: quería visitar el cementerio de Père Lachaise.

A quienes no lo conozcan, les cuento que es un sitio muy concurrido al que va gente de todas partes para rendir homenaje a algunos «muertos ilustres» como Chopin, Edith Piaf o Jim Morrison, por nombrar solo algunos. En mi caso, quería dejar una flor sobre la tumba de Oscar Wilde. Alguno se preguntará el porqué de este anhelo.

Tendría 13 o 14 años cuando leí *El retrato de Dorian Gray*, y a partir de esa lectura ya no volví a pensar acerca del amor de la misma manera en que lo hacía antes.

Como saben, Oscar Wilde padeció mucho por amor. Fue homosexual en una época en que la homosexualidad era considerada no solo un pecado por la religión y una degeneración por la medicina, sino también un delito. Además, se enamoró de un hombre que no le ahorró ninguna crueldad, y sin embargo, escribió cosas impresionantes sobre el tema; párrafos llenos de ironía e inteligencia.

Como dije, era apenas un adolescente cuando leí *El retrato de Dorian Gray*. Años después, conversando sobre ella con algunos amigos, percibí que hablábamos de obras distintas, y supe que debía volver a leerla. Era probable que recordara una novela diferente de la que en realidad era. Así lo hice, y de esa lectura resultó que había muchísimas cosas que en su momento no registré y eran fundamentales en la trama.

Por ejemplo, no había percibido siquiera el fuerte contenido de erotismo homosexual que hay en los primeros capítulos.

Es lo que se llama Represión y, teniendo en cuenta mi edad al primer contacto con el libro, no es rara la aparición de ese mecanismo de defensa.

La adolescencia es una etapa en la que se define la personalidad y, sobre todo, la identidad sexual de un sujeto. Por eso, no me asombra que, en un momento evolutivo tan crítico, haya habido cosas que *preferí* no ver. Quizás me hayan asustado, no lo sé. En ese tiempo aún no me analizaba.

Podría decir, parafraseando a Heráclito, que nadie lee dos veces la misma novela; ya sea porque uno no es el mismo o porque los libros, como los ríos, se modifican con el tiempo.

Alejandro Dolina me dijo una noche mientras tomábamos un café que si miramos las fotos viejas después de muchos años, vamos a notar que han cambiado. Que la sonrisa de esa mujer tal vez no es tan bella como lo era antes, o que el abrazo de aquel amigo muestra ya el germen de la futura traición; gestos imperceptibles, pequeños rasgos que no estaban cuando tomamos la fotografía y ahora sí. Me gusta esa idea poética.

Volviendo al libro de Wilde, en el comienzo hay una charla que Dorian mantiene con lord Henry Wotton, un ser irónico, inteligente, muy seductor y un poco malvado que, obviamente, es el *alter ego* del autor. Ambos están hablando del impacto que les generó haberse conocido y Dorian le dice: «Esto que me pasa, seguramente debe ser el verdadero amor»; lord Henry lo mira y responde: «Bueno, también podría tratarse simplemente de un capricho», ante lo cual Dorian le pregunta cuál es la diferencia que existe entre el amor y el capricho. «Bueno —argumenta lord Henry— el capricho suele durar un poco más», y Dorian agrega: «Ojalá, entonces, que lo nuestro sea un capricho».

Maravilloso, ¿no creen?

Aunque sabemos que:

**Muchas veces alguien va en busca del amor y encuentra apenas una aventura. Otras, en cambio, sale en pos de una aventura y se lleva por delante un amor.**

Lo cierto es que, con ganas de visitar la tumba de Wilde, pedí un plano y caminé hasta ella. La tarde era gris, casi triste. Una llovizna permanente y la amenaza de una tormenta fueron mis compañeras. Recuerdo que me perdí. Miré a mi alrededor; no se veía a nadie y me ganó una cierta desolación.

Algo agotado, luego de casi hora y media de búsqueda, me senté en el piso y me apoyé en un bloque de mármol. Miré el mapa una vez más y comprendí que había llegado. Estaba descansando en el sepulcro de Oscar Wilde. Entonces, me levanté emocionado y lo miré.

Era una tumba enorme, con una escultura que parecía un mascarón de proa; pero algo más me llamó la atención. Estaba totalmente cubierta de pequeñas manchas de colores diferentes: rosa, rojo, azul. No entendí de qué se trataba hasta que me acerqué y las miré con detenimiento. Entonces, me di cuenta de que eran besos. Al parecer, quienes lo visitan, en lugar de llevarle flores, se pintan los labios y le dejan un beso. No está nada mal para alguien que vivió el amor con tanta intensidad.

Permanecí frente a su tumba unos minutos, después me levanté, posé mi mano y le agradecí en silencio por tantos momentos de placer.

Hoy es diferente. Han colocado un cerco de vidrio para para evitar que los visitantes depositen sus besos en el monumento. Imagino que el amigo Oscar se hubiera molestado bastante por esta decisión. Sin embargo, ya hemos dicho que el deseo es imposible de frenar. De modo que ahora los visitantes dejan su beso en el vidrio, que «no es lo mismo, pero es igual».

## El enamoramiento es solo un trastorno de la percepción (no es lo mismo el enamoramiento que el amor)

Dejando de lado mis recuerdos, quisiera retomar algo que quedó planteado en el capítulo anterior y apareció tan solo como una visita fugaz: el concepto de *enamoramiento*, que nos va a servir para iniciar este recorrido. Para hacerlo es necesario aclarar algo de entrada:

**No es lo mismo el enamoramiento que el amor.**

Cierta vez una paciente dijo que quería hacerme una pregunta acerca de un tema que la avergonzaba un poco. Le interrogué por qué y respondió que se trataba de una cuestión estúpida. Le dije que independientemente de cuál fuera el contenido de su duda, si para ella era importante, sería bueno que pudiera formularla. Ella hizo una pausa, como si tomara aire o coraje, y me preguntó: «¿Tú crees en el amor a primera vista?».

No respondí, por supuesto. Poco importaba mi opinión al respecto. Indagué en cambio por qué ese asunto le interesaba tanto. Me contó que hacía unos días le habían presentado a alguien con quien se vio tres veces y, aunque su inteligencia le decía que no podía ser, sentía que estaba enamorada.

Al parecer, había hecho una especie de sondeo entre sus amistades acerca del tema y las opiniones estaban divididas.

No se lo dije, pero mi impresión es que el amor a primera vista existe... pero cinco años después. ¿Cómo es esto?

Utilizaré un ejemplo para clarificar lo que digo.

Supongamos que un hombre está tomando algo en un bar y entra una mujer que lo impacta por su belleza. La mira ubicarse en un rincón, comienza a dar vueltas en su cabeza la idea de acercársele y se pone nervioso, hasta que por fin se levanta y se dirige hacia ella. Se presenta e inician una conversación; después de unos minutos intercambian sus teléfonos, quedan en contacto, empiezan a verse y surge una relación. Si ese vínculo perdura, dentro de cinco años él va a decirle que se enamoró de ella en el instante en que la vio entrar a ese bar. Y es verdad.

Pero imaginemos un escenario diferente. Esa mujer que tanto lo ha impresionado, cuando él se acerca le dice que está esperando a su esposo que es cinta negra de taekwondo y si los ve hablando no va a dudar en darle una terrible paliza.

Es obvio que si ese hombre valora en algo su integridad se alejará y dentro de cinco años no recordará nada de esa mujer que, al entrar en aquel lugar, lo impresionó tanto. Porque el amor es una emoción cuyo inicio se reconoce mirando hacia atrás e iluminando el pasado con la luz del presente.

Es lo que se llama *resignificación*. De donde podemos concluir que:

**El amor no es un punto de partida, sino un punto de llegada; un sentimiento que se construye con el tiempo.**

## Todo amor tiene un comienzo (cada cosa en su lugar)

¿En qué pasaje de ese recorrido se ubica el enamoramiento? En el comienzo. Es decir que podemos pensarlo como el escalón inicial en la construcción de un amor; una etapa que tiene algunas características diferenciales.

En primer lugar, el enamoramiento genera muchas ilusiones. De hecho, así lo formula quien empieza un vínculo con alguien que le importa. Dice que está ilusionado con esa relación. Ahora bien, ¿qué es una *ilusión*?

Una ilusión es un trastorno de la percepción. Más exactamente, alude a la captación deformada de un objeto. Por ejemplo, cuando en la oscuridad de la noche un perchero en el que dejamos un abrigo nos genera la idea de que allí hay una persona, se ha producido una ilusión. Es cierto que hay un objeto, en nuestro caso el perchero, pero nuestra percepción registra algo diferente: un hombre. No debe confundirse esto con la *Alucinación*, que es una percepción sin objeto. En este caso sería diferente; veríamos un hombre allí donde no hay nada. En la ilusión es necesario que haya un objeto: nuestro perchero, una lámpara de noche, cualquier cosa. En la alucinación, en cambio, no hay ninguno. Los dos producen trastornos en la percepción, pero son fenómenos diferentes.

Intuyo que muchos se estarán preguntando qué tiene que ver todo esto con el enamoramiento.

Es poco probable que el enamorado confunda un perchero con una persona, pero puede que perciba al objeto de su amor diferente de lo que es y encuentre en él virtudes que en realidad no tiene.

Piensen en los amores de verano. Una amiga vuelve de las vacaciones y les cuenta que ha conocido a una persona increíble, un hombre maravilloso, gentil, delicado, con estilo propio y todas las virtudes que le quieran agregar. Pues bien, puede ocurrir que cuando unas semanas después se los presente, se pregunten: «¿En verdad... este era el príncipe azul?».

Sí, es ese; y aunque para ustedes ni siquiera llegue a ser celeste, para ella es azul marino. Por ahora.

¿Qué produce esa magnificación del otro?

Para explicarlo debemos pensar el amor como una cantidad, algo mensurable. Técnicamente no lo llamamos *amor*, sino *libido*. Imaginemos el siguiente ejemplo: tenemos una jarra, un vaso y el agua. La jarra es el amante, el vaso es el amado y el agua es el amor.

Es evidente que cuánta más agua se vuelque en el vaso, menos habrá en la jarra. Es decir que cuanto más amor se coloque sobre la figura del amado, menos afecto queda para el amante. Este *desplazamiento libidinal* genera dos efectos. Primero, un engrandecimiento del ser amado que tiene todo el afecto volcado en él, y segundo, un empequeñecimiento del enamorado que se va vaciando de libido, es decir, *deslibidinizando*. Por eso ve al otro brillante, hermoso, le resulta indispensable para su vida, en tanto él se siente pequeño y vulnerable.

En uno de sus escritos más famosos, Freud compara al enamoramiento con la hipnosis y plantea que el enamorado está ante el amado como el hipnotizado ante el hipnotizador. Es decir que, al igual que el hipnotizado, quien ama pierde su capacidad de decidir, acata la voluntad del otro, y ni siquiera es consciente de lo que quiere porque el único deseo que le importa cumplir es el del hipnotizador.

En ese sentido se parece —dice Freud— el enamoramiento a la hipnosis; tanto uno como la otra dejan al sujeto en un estado de indefensión. Como escribió un amigo poeta: «Siempre está en peligro el pasajero del amor».

Enamorarse implica aceptar que, a partir de ese momento, la felicidad dependerá de lo que otro haga. Bastará con que el amado no responda un mensaje de texto para sentir cómo el pulso se acelera y la angustia avanza. Toda la libido está puesta en él y cada gesto que se decodifica como un rechazo o un mero olvido, es vivido como si fuera algo fatal.

El universo se reduce a la persona amada y el enamorado experimenta en carne propia la sentencia borgiana: «estar contigo o no estar contigo es la medida de mi tiempo». No en vano estos versos pertenecen a un poema que lleva por título «El amenazado».

¿Es el amor una amenaza, entonces? Por supuesto. Porque no solo es la promesa de un destino maravilloso. Es también la puerta de entrada a un potencial infierno, anhelado y temido.

Desde un lugar estrictamente psicoanalítico:

**La amenaza del amor radica en que es lo único que podría producir la satisfacción total, y con ella la desaparición del deseo.**

Sin embargo, este fin jamás será alcanzado, porque en el tiempo que demanda la construcción de una pareja, el enamoramiento es una etapa que pasa. Por suerte. De lo contrario, el sujeto quedaría eternamente condenado a vivir con un déficit de amor para consigo mismo, es decir, sin amor propio.

Piensen cuántas veces le han aconsejado a alguien que debería quererse un poco más. Lo que en realidad le están diciendo es que no se vacíe de libido, que no ponga todo el afecto en el otro, porque, si lo hace, va a estar en problemas.

A pesar de esto, quien está enamorado vive ese momento como si fuera algo maravilloso. Entonces, ¿por qué plantearlo como si se tratara de un problema? Ni más ni menos que porque estamos denunciando la falacia del encuentro amoroso, la imposibilidad de que exista un otro tan extraordinario que nos complete, alguien que detenga el deseo para siempre y pueda saciar nuestras ansias de eternidad. Es la ilusión que genera el enamoramiento, pero como esa persona no existe y nadie puede sostenerse en ese lugar eternamente, ocurre que en un tiempo más o menos largo esa etapa cae y da paso al segundo momento en la construcción del amor: la desilusión.

## De príncipe a mendigo (el peligro de comerse un sapo)

Es probable que el término *desilusión* genere una impresión negativa, aunque no es ésa mi intención. Siguiendo la misma lógica de razonamiento que venimos compartiendo, lo utilizo para dar cuenta del momento en que cae el proceso ilusorio de ver al amado como alguien capaz de completarnos; aunque lo que sucede en realidad es que aparece una ilusión nueva pero de signo contrario:

**En la etapa de la desilusión dejamos de ver al otro mejor de lo que era para verlo peor de lo que es.**

Veamos cómo se da el paso entre un momento y el otro.

A medida que el tiempo pasa, el enamorado comienza a percibir que la persona que ama tiene cosas que no le gustan; ya no es el ser perfecto que creyó en un primer momento, no llena todos sus anhelos y, entonces, se desilusiona. En ese estado de desilusión, enojado porque el otro resultó ser nada más que un ser humano, lo juzga con crueldad y, así como antes multiplicaba sus virtudes, ahora multiplica sus falencias; aunque mejor sería decir, lo que él cree que son sus falencias.

Desde el punto de vista emocional, lo primero que aparece es un sentimiento de enojo, el deseo de terminar con la relación que no resultó ser lo que se esperaba y reaparece la sensación de vacío e incompletud.

Dicho así daría la impresión de que es mejor el enamoramiento que la desilusión. Lo cierto es que ambos son igualmente engañosos y conllevan un peligro latente.

## Enamoramiento y desilusión (dos momentos de cuidado)

El riesgo del enamoramiento es que la pareja tome la decisión de convivir en esta fase de la relación; no es un peligro menor.

Hace tiempo, una paciente me comentó que estaba pensando en convivir con su novio, y como caí en la cuenta de que hacía muy poco que hablaba de él, le pregunté cuánto tiempo hacía que estaban saliendo. «Dos meses y 12 días», respondió, acentuando los 12 días. Era esperable que lo hiciera. En las relaciones breves no se puede regalar ni uno solo de los momentos compartidos, porque carecen de historia. Entonces, cada segundo cuenta. De modo que no era lo mismo si hubieran sido solo dos meses que dos meses y 12 días. Y, después de decir eso, soltó la frase fatal e inevitable: «Pero pareciera que nos conociéramos de toda la vida».

Si esa mujer está entusiasmada, deseosa de concretar esa convivencia, cabría preguntarse ¿por qué pensar que esa decisión es potencialmente peligrosa?

La respuesta es que la desilusión va a llegar tarde o temprano y los encontrará viviendo juntos. Entonces, ante las primeras discusiones, se verán ante la ridícula circunstancia de tener que decirle a alguien que conocen hace 72 días: «ya no eres el de antes». ¿El de antes, cuándo? —me pregunto—. Si hace tres meses ni siquiera se conocían.

Dijimos que también la etapa de desilusión puede acarrear un peligro. ¿Cuál es ese peligro? Terminar la relación solo porque el otro resultó no ser perfecto. Tengamos en cuenta que si alguien interrumpiera sus vínculos cada vez que descubre que su pareja tiene algo que no le gusta, estaría siempre solo. Y no se trata de que la soledad esté mal. Por el contrario. En algunas circunstancias, cuando la soledad es elegida, puede resultar la mejor opción. En cambio, cuando es el efecto de la intolerancia a las diferencias, denuncia la presencia de un mecanismo patológico.

En los casos en que la relación resiste los embates de la desilusión, se abre la posibilidad de pasar a una tercera fase a la que sí podríamos llamar *amor*.

**El amor es una etapa en la cual vemos en el otro mucho de lo que nos enamoraba, aunque no todo, y algunas de las cosas que nos disgustaban, aunque no todas.**

Si en esa captación del otro con virtudes y falencias, alguien tiene la sensación de que es más feliz con esa persona que sin ella, empieza a generarse una relación de otro orden de madurez y sustentabilidad. Porque aparece el deseo de estar juntos, ya no desde un ideal imposible, sino desde el reconocimiento de las diferencias subjetivas.

Hemos hablado de la diferencia entre la necesidad, el amor y el deseo. Pues bien:

**En un amor maduro no se juega la necesidad sino el deseo. Quien ama sanamente sabe que podría vivir sin su pareja, pero aun así, elige hacerlo con ella porque siente que a su lado la vida adquiere un sentido diferente.**

Solo se justifica estar con alguien cuando se trata de una elección movida por el deseo y no de una imposición de la necesidad.

## El amor incondicional (o el inicio de una tragedia)

Es verdad que para llegar al amor siempre hay que luchar contra la desilusión, aunque cueste. Esto no implica que deba pagarse cualquier precio.

Volvamos a la segunda etapa y aclaremos este tema. Dijimos que para superar la desilusión una persona debe aceptar que el otro tiene algunas cosas que no le gustan y no la hacen feliz. Es en este punto donde adquiere importancia una idea fundamental: en la vida todo tiene un costo.

Hay una palabra que suele acompañar la fantasía del amor ideal: *incondicional*.

La mayoría de las personas suelen ver en eso algo maravilloso. Y lo dicen así: «yo te quiero incondicionalmente» o exigen: «necesito que seas incondicional conmigo». Lo cierto es que:

**La incondicionalidad es algo que encontramos con frecuencia en el núcleo de las relaciones enfermas.**

*Incondicional* quiere decir «sin condiciones». Entonces, amar incondicionalmente implica hacerlo sin poner ninguna condición. Es decir: amarlo; aunque pegue; aunque engañe; aunque para seguir con él o ella, alguien deba renunciar a ver a sus hijos. Me pregunto a qué persona medianamente sana esto puede parecerle algo maravilloso.

Es cierto que la posibilidad de estar con otro depende de aceptar algunas de esas cosas que tiene y no nos gustan, pero la condición para aceptarlas debería ser que esas cosas, al menos, no nos lastimaran.

Si resultara, por ejemplo, que lo que a una mujer no le gusta de su pareja es que de vez en cuando bebe de más y al llegar a su casa le hace una escena de celos luego de la cual la golpea, ¿creen que debería esforzarse por aceptar eso que le molesta? ¿Debería quedarse a su lado incondicionalmente? Asumo que compartirán conmigo que la respuesta es no.

Me anticipo a una objeción que podría aparecer ante este ejemplo: si alguien maltrata a una persona, la engaña, le pega o le falta el respeto de ese modo es porque en realidad no la ama, por lo que ya no estaríamos hablando de amor.

Ese argumento es erróneo y se basa en una idealización desmesurada del amor; en la creencia de que es siempre algo bueno y maravilloso. Pero les recuerdo lo que hemos planteado anteriormente: el amor no es más que una emoción y, como tal, la experimenta y la vive una persona que puede ser más o menos equilibrada psíquicamente. Entonces, afirmo que las personas sanas aman de un modo sano y las enfermas, de un modo enfermo. De allí se desprende una conclusión:

**No todos los amores merecen ser vividos.**

En el libro *La respuesta está en ti*, conté el caso de Luciana, una paciente joven que llegó a análisis con un gran padecimiento. Su novio le pegaba y ella decía que se lo merecía porque era mala.

Trabajamos mucho sobre este tema, cuestionamos de dónde venía esta creencia acerca de su maldad, de los maltratos que había sufrido a lo largo de su historia y, en un momento del análisis, llegó a la conclusión de que lo mejor para ella era dejarlo. Pero se angustiaba ante esa sola idea y me decía llorando: «Pero yo lo amo». A lo que yo acotaba: «¿Y eso qué tiene que ver?».

**En ocasiones, para alcanzar una relación sana y plena, una persona debe vencer la tentación de quedarse atrapada en otras que lastiman.**

No siempre es fácil hacerlo. Porque no existen elecciones casuales y, entonces, esa persona que agrede y humilla por algo está en nuestras vidas. Hay un porqué en esa elección, y ese motivo oculto que lleva a alguien a elegir lo que lo daña, es el que intentamos develar en análisis. Llegado este punto podemos valorar la magnitud de la frase del doctor Nasio que citamos al final del primer capítulo: «En los asuntos del corazón [...] no elegimos sino lo impuesto y no queremos sino lo inevitable».

Cuando hablamos del Inconsciente Estructural adelantamos algo sobre esto. Para profundizar el tema debemos introducir el concepto de Pulsión de Muerte, algo que haremos más adelante. Les pido que conserven esta idea hasta entonces.

Además, es la manera en que conviene leer este libro que, al tener su origen en las nociones del Psicoanálisis, no escapa, sino que gusta del hecho de ir cerrando las ideas en lecturas sucesivas con los aportes que nos dan los nuevos conceptos, sabiendo que todo lo que ya creímos comprender puede cambiar a la luz de lo que veremos más adelante.

Resignificar. No olviden esta palabra, porque alude a una de las herramientas más importantes del análisis.

Resignificar.

# *INTERLUDIO I*
# LA HISTERIA

*¿A quién amo, a él o a ella? ¿Qué quiere decir que sea yo mujer? Tal las preguntas básicas de la Histeria.*

Oscar Masotta

En uno de aquellos encuentros matinales, alguien que había asistido todos los sábados me comentó que cayó en la cuenta de que siempre, entre los presentes, era mayor el número de mujeres, y preguntó si eso se debía a que a los hombres no les importaba tratar la problemática afectiva.

Su comentario era veraz; de hecho, ya había reparado en que la concurrencia, en general, era femenina. Acordé con ella en que la posibilidad de preguntarse acerca de los vínculos emocionales y mostrarse sensible ante los mismos requería un cierto grado de feminización. Pero le aclaré que, por suerte, los hombres habían ido adquiriéndola de a poco. Y es así.

Cuando comencé mi práctica clínica, un 80% de quienes venían a consultarme eran mujeres. Ahora, en cambio, el porcentaje de hombres que se analizan se ha equiparado.

El tiempo hace su trabajo en la cultura y hoy el mandato que establecía «los hombres no lloran», ha quedado como un mito del pasado. Es más, no solo lloran, sino cómo lo hacen. Y está muy bien. ¿Por qué no habrían de hacerlo, si también sufren, se enamoran y son abandonados? Por suerte, esta mayor sensibilización del hombre lo ha acercado a los temas afectivos.

Es probable que a nuestros encuentros asistiera un mayor porcentaje de mujeres —algo similar ocurre cuando doy conferencias por el país— pero no acuerdo con que el motivo sea que a los hombres no les importan las cuestiones emocionales y mucho menos los temas de pareja. En tren de ser sincero, casi no hablan de otra cosa. Es más, la mayoría de las veces que he visto llorar a un hombre, tanto en el consultorio como fuera de él, ha sido por cuestiones de amor.

Es posible, eso sí, que a algunos les dé pudor mostrarse vulnerables, pero les aseguro que el tema les interesa y mucho; aunque a veces tengan una actitud más callada, menos beligerante o incluso resignada. Las mujeres, en cambio, suelen hacer escuchar su voz, protestan cuando no tienen lo que quieren e insisten con lo que creen que desean, pues como ya dijimos, el deseo es siempre deseo de otra cosa. Aunque, en rigor de verdad, más que de hombres y mujeres, deberíamos hablar de estructuras psíquicas, de la diferencia que hay entre la histeria y la neurosis obsesiva.

## ¿Todas las mujeres son histéricas y los hombres obsesivos?

No. Hay hombres histéricos y mujeres obsesivas, aunque clínicamente hablemos de «la histérica» y «el obsesivo».

Si bien no es mi intención en este libro transmitir conceptos de psicopatología, algo podemos decir sobre esto.

Al comienzo de su obra, Freud ubica la Histeria y las Obsesiones dentro de un grupo al que denomina Neurosis. Según él, no hay diferencias fundamentales entre la *normalidad* y la neurosis, sino una mera cuestión de grados. Es decir que ciertos comportamientos que aparecen como normales se vuelven neuróticos al intensificarse. Por ejemplo, nada malo hay en el acto de lavarse las manos; sin embargo, si alguien debe hacerlo cada diez minutos, o cada vez que toca algo, ese acto se vuelve patológico.

Lacan, en cambio, renuncia a toda idea de normalidad y no refiere a síntomas característicos (pensamientos recurrentes, rituales, desmayos o contracturas físicas) y sostiene que «la estructura de la neurosis es básicamente una pregunta». Nos ocuparemos de esto al final del capítulo.

Por ahora, planteemos que ambas estructuras (Histeria y Neurosis Obsesiva) se posicionan de modo diferente ante una situación de deseo.

**La Histeria es una estructura enamorada del deseo; lo busca, lo persigue. Y como el deseo aparece allí donde algo falta, la histérica hace foco en esa falta y señala siempre lo que queda sin satisfacer.**

¿Cómo funciona esto?

Me contaba un paciente que el día que llegó feliz a su casa y le dijo a su esposa que ya había comprado los pasajes para el viaje a Europa que ella tanto deseaba, la mujer le respondió: «Bueno, sí… pero viajaríamos en invierno y no tengo un abrigo adecuado para llevarme».

Entonces, enojado y un poco angustiado, se preguntaba si siempre iba a querer algo más. Y la respuesta es que sí, que siempre querrá algo más. ¿Por qué? Ya lo dijimos:

**El deseo se desplaza todo el tiempo de un objeto a otro, de una situación a otra, y por ende nunca va a satisfacerse totalmente. Eso es lo que la histeria denuncia: la imposibilidad de anular el deseo.**

El obsesivo, en cambio, intenta tapar la falta para que no aparezca. ¿No tiene algo? Y bueno ¿qué se le va a ser? A lo mejor es porque no se lo merece; será su destino. Lo cual no implica que el deseo sea algo que no le interesa. Por supuesto que le importa. De allí que la temática resulte conflictiva para todos sin diferencia de géneros o elecciones. Hombres, mujeres, histéricas, obsesivos, heterosexuales u homosexuales, deben lidiar con la problemática que les plantean la pareja y el deseo.

Lo cierto es que el obsesivo se para frente a él de una manera diferente de como lo hace la histérica: procrastina, es decir, lo desplaza para adelante, lo posterga. Eso que tanto les molesta a las mujeres. Que el hombre diga: «bueno, pero mejor esperemos hasta terminar de pagar la casa para hacer el viaje». Y, cuando la hipoteca está cancelada, habrá que aguardar a que el hijo termine la facultad, aunque en la actualidad el chico tenga solo tres años.

Digamos algo más sobre la Histeria y acerquémonos a los bordes de su problemática. Para hacerlo, es necesario formular una pregunta que parece obvia, pero no lo es, dado que la popularización de los conceptos teóricos y clínicos del Psicoanálisis ha dado origen a muchas equivocaciones: ¿Qué es la Histeria?

En rigor de verdad se trata de una enfermedad muy antigua. Ya se le puede reconocer en el contenido de papiros de hace miles de años.

La Histeria ha sido una dolencia muy maltratada y su estudio estuvo plagado de errores.

Tomando como punto de partida la noción griega (que permaneció inalterada hasta el siglo XVII) se le consideraba una enfermedad cuyo rasgo distintivo era la presencia de fuertes ataques acompañados de algunos síntomas físicos.

¿Cuál era el origen de esta enfermedad?

En aquel momento se pensaba en un desorden uterino, de allí su nombre, pues *hystera*, en griego, significa matriz, útero. Por ende, al considerarla efecto de un trastorno originado en el útero, se dedujo que se trataba de una enfermedad exclusivamente femenina. Mujeres en las cuales el *vagabundeo* de un útero hiperexcitado influía de modo negativo sobre su sistema nervioso y transmitía una condición morbosa a la enferma. De allí que muchas veces se pensara en el embarazo como un tratamiento posible, pues se suponía que acomodaría el útero y podría curarla.

Un médico francés llamado Charles Lepois, fue el primero que la consideró una enfermedad directa del sistema nervioso; algo muy parecido a la epilepsia. Con esta concepción dio un giro muy importante, porque al separarla del origen uterino, la enfermedad también podía presentarse en hombres.

Sin duda, la histeria presentaba muchos problemas para los médicos de la época, de allí que surgieran tantos intentos por explicarla.

Thomas Willis, un importante médico inglés que fue profesor en la universidad de Oxford, la compara y relaciona con la hipocondria y postula que se trata de un desorden cerebral, una enfermedad mental con síntomas corporales. Thomas Sydenham, quien fuera llamado el Hipócrates inglés, avala esta postura y dice que, en realidad, se trata de la misma enfermedad, que cuando se da en mujeres se llama *histeria* y cuando se da en hombres, *hipocrondria*.

Esta comparación la puede hacer porque el foco ya no está puesto en las crisis (desmayos o convulsiones) sino en los síntomas corporales (dolores de cabeza, taquicardia, perturbaciones digestivas, sensaciones de frío o calor). Es decir que el acento se pone en síntomas más pequeños que los que aparecían en la Gran Crisis, pero más permanentes.

Esta nueva manera de pensar la histeria, a la vez que da un paso hacia adelante, produce un retroceso a la vieja noción de considerarla como una enfermedad femenina caracterizada entonces por la presencia de tres elementos:

a) crisis,
b) síntomas corporales y
c) perturbaciones del carácter.

Además, este médico da una definición que será perniciosa para las enfermas, porque sostiene que se trata de una dolencia que «imita a cualquier enfermedad» y que «la histeria engaña». De esto se toma un importante médico de apellido Morel para decir que la histérica es una mentirosa que enreda intencionalmente al médico y concluye que no habría que hacerles caso.

Pero hay una sutil diferencia que pareciera no haber advertido aquel médico: decir que la histeria engaña, no es lo mismo que decir que la histérica engaña. Es la enfermedad la que confunde al médico, no el enfermo. Sydenham quiso decir que se trata de un cuadro que por su complejidad desorienta al profesional, no que la histérica fuese una mentirosa.

Sin embargo, esa idea ha hecho escuela y aún hoy en día muchos, ante la aparición de una sintomatología histérica, dicen: «déjala que no tiene nada… se hace, nomás».

Los psicoanalistas fuimos los primeros en resistir esta conducta; luego se sumaron los psicólogos en general y hoy, por suerte, también lo hacen los médicos. Hemos comprendido la necesidad de trabajar juntos en pos del bienestar de los pacientes. Pero hasta hace poco tiempo no era así.

Recuerdo que estaba haciendo una pasantía para una materia de la facultad en un servicio de psicopatología de un hospital muy importante; una mañana llegó un neurólogo con la ficha de una paciente y me la entregó diciendo: «se las derivo a ustedes porque no tiene nada». De lo que deduje que, para ese médico, si lo que afectaba a la paciente no salía en una tomografía, implicaba que estaba sana, o que mentía, podríamos decir siguiendo el razonamiento de Morel. Sin embargo, la mujer que para ese profesional «no tenía nada», sufría un cuadro de angustia extremo y no podía trabajar ni hacerse cargo de sus hijos. Lo que ese médico debería haberme dicho es: «la paciente no tiene nada que yo sepa curar».

Como vemos, se trata de un tema apasionante y movilizador. De hecho, el Psicoanálisis nació a partir del estudio de la histeria. Por eso, permítanme que siga apenas algunos pasos más.

Jean-Pierre Falret, otro importante psiquiatra marsellés, sostuvo que las mujeres histéricas son fantásticas y caprichosas: que «pasan fácilmente del entusiasmo a la depresión, tienen una gran disposición a la contradicción, a la resistencia, un espíritu de duplicidad y de mentira que las lleva a exagerar todo teatralmente».

Esta postura generó que los facultativos ya no se ocuparan más de las histéricas y se les tomara por simples simuladoras y mentirosas. Por suerte para ellas, llegarían Charcot, Breuer y Freud a darles un estatuto diferente. Sobre todo este último, por supuesto, que postuló que la histeria no era una enfermedad neurológica, sino psicológica, que tenía un mecanismo psíquico que la justificaba y estableció como condición de su aparición la existencia de un trauma de origen infantil primero y de una fantasía de contenido sexual, después. En definitiva, concluyó que, en realidad, las histéricas sufrían de reminiscencias. ¿Cómo funciona esto?

## Angustia y sexualidad

Para responder esa pregunta, utilizaré los conceptos de Inconsciente y Represión que hemos bosquejado en capítulos anteriores y voy a apoyarme en una escena de una película que, seguramente, la mayoría recordará. A quienes no la hayan visto, se las recomiendo calurosamente: *El príncipe de las mareas*, protagonizada por Nick Nolte (Tom Wingo) y Barbra Streisand (Susan Lowenstein) quien además la dirigió.

En el film, ella encarna el papel de una terapeuta que tiene una paciente internada y grave por un intento de suicidio. Con el afán de ayudarla llenando los huecos en su memoria, decide tener algunos encuentros con el hermano para que le hable de la infancia de la mujer y, por ende, de la de él mismo.

Queda claro que no estamos ante una psicoanalista; ya dijimos que la realidad que le interesa al analista es la realidad psíquica de su paciente y no tiene interés en los recuerdos o las asociaciones que pudieran aportar otros desde afuera. Pero, independientemente de que Susan Lowenstein trabaje con una técnica diferente, lo complicado es que hará todo mal. A partir de sus charlas con Tom le irá de a poco habilitando un espacio terapéutico en el que era el marco de su hermana, y terminarán teniendo una relación amorosa.

Esto es apenas un señalamiento, dado que estamos hablando de una ficción que puede, por ende, permitirse ciertas licencias artísticas. De hecho, el film es digno de ser visto por sus actuaciones y por la potencia de su historia.

Pero la escena que nos interesa es la siguiente:

Lowenstein le había preguntado a Tom acerca de una palabra que su hermana pronunciaba en su delirio y a la que no podía encontrarle un sentido: *Callanwolde*. Él responde que no sabe de qué le está hablando. Sin embargo, unas sesiones después le dice que quiere contarle algo. Hace una pausa mientras recuerda. Su gesto va cambiando del humor casi maniaco que lo caracteriza a una profunda tristeza y le cuenta a la terapeuta un suceso que les ocurrió cuando eran niños.

Relata que una noche en la que estaban junto con su hermana y su madre, llegaron a la casa tres desconocidos. Irrumpieron de un modo violento y uno de ellos llevó a la niña a un cuarto en tanto que otro hacía lo propio con su madre. Él escuchó y supo que las estaban violando.

La terapeuta le pregunta si no hizo nada, si no corrió a buscar ayuda, si no intervino de alguna forma, y él le responde que no. ¿Por qué?, lo interroga. Tom contesta que no lo sabe.

Lowenstein advierte que la tristeza ha mutado en angustia y le pregunta dónde estaba él en el momento en el que violaban a su hermana y a su madre, y su respuesta es que no puede recordarlo. Entonces ella le señala que él dijo que los hombres que habían irrumpido en la casa eran tres; uno estaba con su hermana y otro con su madre. ¿Dónde estaba el tercero?

Se produce un profundo silencio. El recuerdo pelea por abrirse paso y la represión por mantenerlo inconsciente. En ese instante una intervención de la terapeuta gira la llave: «Puedes decirlo… no hiciste nada malo».

Con gesto perturbado, Tom le confiesa que en ese momento el tercer hombre lo estaba violando a él. Que aún recuerda sus palabras: «Me gusta la carne fresca», después de lo cual la mira y le dice asombrado: «Yo no pensé que algo así le podría ocurrir a un niño».

De pronto escuchó unos disparos. Era su hermano mayor que había regresado y con su rifle mató a dos de los intrusos. Su madre apuñaló al tercero por la espalda. Entre todos limpiaron la sangre del piso y las paredes y, mientras lo hacían, ella les decía todo el tiempo: «Esto no ocurrió… esto no ocurrió».

Después les hizo prometer que jamás iban a hablar de lo sucedido con nadie, ni siquiera con su padre, porque si lo hacían ella no volvería a ser su mamá nunca más.

De modo que, cuando el hombre volvió del trabajo, la cena estaba preparada y todos comieron como si no hubiera pasado nada. Esos delincuentes habían escapado de una prisión llamada Callanwolde.

Luego de narrar esa tremenda escena, Tom hace un prolongado silencio y dice: «Creo que el silencio dolió más que la violación».

Hasta aquí la escena que me interesaba contarles. En primer lugar, para resaltar cómo actúa la represión, cómo ese mecanismo de defensa produce que un hecho traumático, tremendo, difícil de soportar para la psiquis, quede *olvidado*, aunque sería más preciso decir, pase a formar parte de los contenidos inconscientes.

El director pone en dichos de la madre lo que suele provenir de una muda voz interior: «Esto no pasó».

En segundo lugar, para ejemplificar cómo eso que ha sido reprimido insiste en ganarse un acceso a la consciencia de alguna forma. Aunque, como en este caso, sea de una manera tan dramática que lleva a la persona a un intento de suicidio.

En tercer lugar, para retomar aquello que decíamos acerca de que los recuerdos reprimidos vuelven disfrazados. En el film, el disfraz es Callanwolde, esa palabra que la hermana de Tom repite sin saber qué significa y él recordará que era el nombre de la prisión de la que habían escapado aquellos hombres.

Cuarto y principal, para señalar como *eso* que habita en lo Inconsciente tiene consecuencias y produce síntomas y dolor en el sujeto; y por último, remarcar la frase final de Tom: «… el silencio dolió más que la violación», es decir que la falta de palabras es lo que produce el daño mayor. Porque la imposibilidad de simbolizar, de darle un sentido a lo sucedido, es lo que enferma al sujeto.

Se preguntarán ¿qué tiene que ver esto con la Histeria y las Obsesiones?

Intentaré una explicación que tiene sus raíces en las primeras formulaciones freudianas y alcanzará para responder esa pregunta.

Antes, debo decir que todo lo que nos pasa en la vida genera en la psiquis una representación que tiene una cantidad de energía que es la que le permite avanzar a la conciencia. Esa energía es como la gasolina de un automóvil. Y, así como un auto sin gasolina no puede moverse, un recuerdo sin energía queda olvidado.

Eso es lo que hace la represión, separa de la representación esa energía para impedir que recordemos los sucesos dolorosos y de ese modo logra que esas ideas vayan a parar al Inconsciente. Ahora bien ¿qué pasa con esa energía que ha quedado libre?

Hay diferentes posibilidades, cada una de las cuales determina una estructura clínica distinta.

Volvamos a la película y supongamos que, en el momento en que ese chico está siendo abusado y su mente le dice que eso no puede estar pasando («nunca pensé que algo así le podía ocurrir a un niño», «esto nunca pasó»), la energía, bajo la forma de la angustia generada por la situación, fuera proyectada y puesta, por ejemplo, en el hecho de que la habitación está a oscuras y las puertas y ventanas están cerradas. Esa proyección de la angustia hacia algo externo daría lugar al surgimiento de una fobia. Ese sujeto tendrá luego un inexplicable miedo a los espacios cerrados y deberá dormir con la puerta abierta o alguna luz encendida.

Si, en cambio, la angustia se dirigiera a algún dolor corporal, o produjera un desmayo, entraríamos en el territorio de la histeria que, como hemos dicho, se caracteriza por la fuerte pregnancia del síntoma en el cuerpo (dolores de cabeza, contracturas, etc.).

Si lo que se hiciera cargo de recibir esa energía ya no fuera algo externo ni el propio cuerpo, sino una idea sustituta («esto sucede porque no cerramos la puerta con llave», por ejemplo) estaríamos ante una estructura obsesiva y ese sujeto tal vez deba comprobar diez veces por día si la puerta está bien cerrada, y volver a su casa luego de haber caminado dos cuadras para corroborar lo que ya sabe: que efectivamente ha girado la llave.

Es decir que de acuerdo al modo en que es reencauzada esa energía, esa angustia —dirá Freud en un comienzo—, se diferenciarán la histeria, las fobias y las obsesiones, si bien la teoría se irá modificando con el paso del tiempo. Más tarde cambiará esto poniendo el acento en la actitud activa o pasiva del niño y el desprendimiento de placer que hubiere tenido durante el hecho traumático.

Para concluir con las hipótesis freudianas sobre el tema, digamos que luego reemplazará la *teoría del trauma* por el concepto de fantasías infantiles; de donde se desprenderá que no es necesario que el hecho traumático haya acontecido efectivamente para que aparezca una neurosis. La sexualidad es ya de por sí lo suficientemente traumática como para generar las fantasías que tomarán un lugar de verdad en la realidad psíquica del niño.

Por último, no podemos dejar de lado los aportes de Lacan, quien distingue el tipo de Neurosis según el modo en que cada una se posiciona frente al deseo. En el caso de la Histeria, el deseo circulará eternamente insatisfecho, en tanto el obsesivo hará todo por volverlo imposible.

Sin embargo, su mayor aporte es que las separa de los fenómenos sintomáticos característicos para darles un lugar estructural. Así las diferenciará de las estructuras perversas y psicóticas. Cae la idea de *normalidad* y no hay posición con relación al concepto de salud mental.

Entonces, en tanto que Freud piensa la neurosis como una enfermedad que puede sanarse, Lacan la define como una estructura inmodificable. De modo que ya no habría que curar al sujeto de su neurosis, sino ayudarlo a que se posicione de un modo diferente frente a ella.

Hemos dicho que «la estructura de la neurosis es esencialmente una pregunta». Aquí marcará Lacan la distinción fuerte que existe entre una y otra entidad clínica. La pregunta que recorre al histérico se relaciona con el enigma la sexualidad, en tanto que la del obsesivo con el misterio de la existencia. Dicho de otro modo, el histérico se pregunta: «¿Soy hombre o mujer?» o, lo que es lo mismo, «¿qué es una mujer?». El obsesivo, en cambio se interrogará: «¿Ser o no ser? ¿Cuál es el sentido de mi existencia?». O bien «¿estoy muerto o estoy vivo?».

Como vemos, las neurosis interrogan los dos temas para los cuales no hay una respuesta posible: sexualidad y muerte.

Un último comentario. La constancia del tema de la muerte en el pensamiento lleva al obsesivo a tener que justificar por qué vive, a sentirse culpable de hacerlo (culpa que proyectará a veces sobre temas poco importantes) y a tener una relación particular con el tiempo.

Este es el motivo que justifica la postergación eterna de lo que desea.

**El obsesivo duda y vacila mientras aguarda la muerte, o suspende todo deseo porque inconscientemente ya está muerto.**

Dicho esto, podemos terminar este *Interludio*. Como dice el refrán, mejor no seguir aclarando porque podría oscurecer.

Solo quise dejar en claro que, para el Psicoanálisis, *histérica* no es esa mujer que nos lleva hasta su habitación y una vez allí dice: «Espera, no sé qué estoy haciendo acá», ni la obsesión se agota en el hecho de que alguien no pueda pisar las baldosas negras de la vereda. Por el contrario, son términos que hacen referencia a cuestiones difíciles y dolorosas que debemos enfrentar en la vida.

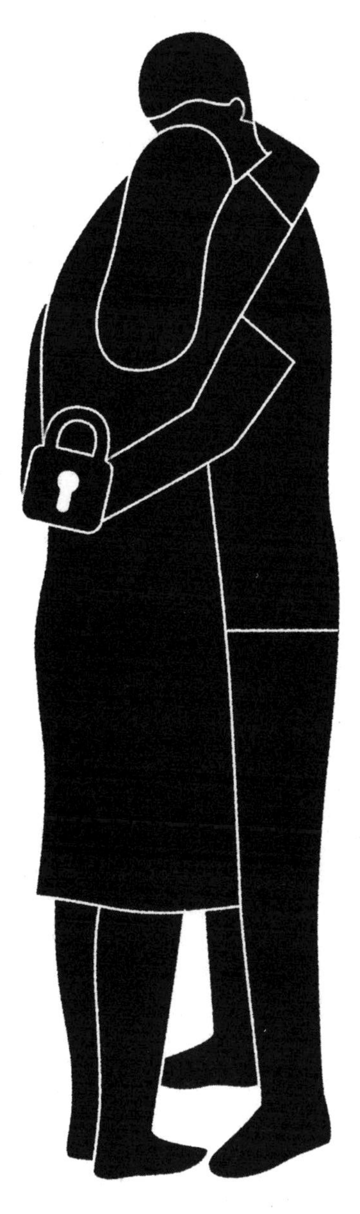

## CUARTO ENCUENTRO

# LOS CELOS

*Si los celos son señales de amor,*
*es como la calentura en el hombre enfermo,*
*que el tenerla es señal de tener vida,*
*pero vida enferma y mal dispuesta.*

Miguel de Cervantes Saavedra

## ¿A favor del amor?

Retomo algo que planteamos en los capítulos anteriores en referencia a esa suerte de «prensa» extraordinaria a favor del amor. Dijimos que:

**El amor no siempre es algo bueno; es una emoción que experimentan las personas; aquellas que estén sanas amarán de un modo sano y las enfermas, de un modo patológico.**

De manera que, cuando alguien es amado por un sujeto psíquicamente saludable, el amor puede resultar una experiencia maravillosa, en cambio cuando quien lo ama está enfermo, puede llegar a límites realmente peligrosos.

Todos escuchamos alguna vez historias de quienes han asesinado a su pareja porque las dejaron de querer, o vivenciaron alguna traición y luego confiesan: «Sí, es cierto, la maté, pero la amaba». Es posible, incluso, que muchas veces esa traición haya sido solo una fantasía.

Pregunto, entonces: ¿cuál es la relación entre los celos y el amor? ¿Son afectos indisociables? Quien ama ¿no puede evitar ser celoso?

No hace mucho, durante una conferencia, una de las asistentes me preguntó: «¿Se ama porque se cela o se cela porque se ama?».

Observen cómo la pregunta supone que existe un lazo intrínseco entre el amor y los celos. Ya sea que se ame porque se cela o se cele porque se ama, no importa cuál es el huevo y cuál la gallina, desde esta perspectiva parece como si fueran emociones inseparables. Pero ¿esta afirmación es verdadera?

## Celos, envidia y posesión

Pareciera que la opinión general se vuelca en sentido afirmativo ante esta pregunta y sostiene que siempre algo de celos hay en una relación de pareja. La explicación sería la importancia que el amado tiene para el amante, idea que autoriza a pensar que es imposible no desear poseer a quien se ama.

Para pensar con claridad sobre esta problemática, sería indispensable discriminar algunos conceptos que suelen confundirse y colocar cada uno de ellos en su lugar.

Es un hecho que los celos suelen confundirse con la posesión, e incluso con la envidia. Por ejemplo, alguien habla de una persona y dice que es celosa y posesiva, porque siente mucha envidia. Pues bien, en ese enunciado utilizó tres conceptos diferentes como si fueran el mismo, y no es así.

**Si construimos nuestro razonamiento apoyados en nociones erróneas, es inevitable que lleguemos a conclusiones falsas.**

Diferenciemos, entonces, cada uno de ellos.

**La envidia es un vínculo dual. Una relación que se establece entre dos personas, en la que una de ellas desea lo que la otra tiene.**

¿Cuál es su característica primordial? Que eso que el otro tiene, para el envidioso no posee ningún valor. No se trata de que lo quiera por el atractivo del objeto. De ningún modo; es lo de menos. Lo quiere solamente porque le molesta que lo tenga el otro, y el mejor ejemplo podemos encontrarlo en el comportamiento de los niños.

Hagan la siguiente experiencia: lleven golosinas exactamente iguales a dos chicos, regalen una a cada niño y es posible que observen cómo alguno de ellos protesta y dice que quiere la que le han dado a su amiguito. Y será en vano que se esfuercen en explicarle que son idénticas, porque les responderá que no le importa, que de todos modos quiere la que tiene el otro.

Es decir que el envidioso quiere apoderarse del objeto en cuestión y quitárselo al otro, no por considerarlo importante, sino porque no quiere que él lo tenga. Es lo único que le importa.

Como ven, se trata de una relación altamente destructiva y enfermiza.

**La envidia es el peor de los pecados capitales porque no brinda más placer que ser testigo de la frustración y el dolor del otro.**

Piensen y verán que de todos los demás se desprende algún deleite. La gula, por ejemplo, trae el disfrute del sabor, la pereza, del descanso, la lujuria del erotismo, la ira tiene un efecto catártico, la soberbia brinda un placer narcisista, en tanto que la avaricia da cuenta del anhelo de ir siempre por algo más.

Aunque contaminados por la desmesura, hay una relación entre los pecados capitales y el erotismo. Si analizamos qué cosas se prohíben en los mandamientos a la luz de los deseos inconscientes, encontraremos una fuerte relación entre unos y otros.

Ahora bien: ¿qué placer aporta la envidia? Ninguno, excepto la malsana satisfacción de ver sufrir al otro, de que lo pase mal. ¿Quién de nosotros no ha escuchado alguna de estas frases: «No quiero que tenga eso... porque no» o «antes de dárselo prefiero tirarlo»?

En ese «prefiero tirarlo», aparece la demostración más clara de que en la envidia el objeto no tiene ninguna importancia, no vale nada y por eso puede dejarlo en la basura; pero que el otro lo tenga, eso jamás.

El Psicoanálisis distingue entre la *agresividad* y la *agresión* porque en tanto esta última está ligada a actos de violencia, la primera puede aparecer aún en los actos más tiernos. Piensen en la ambivalencia afectiva que existe entre padres e hijos. ¿Cuántas veces un niño manifiesta su odio por su madre o ella le grita que no salga de su cuarto hasta que «se le pase» el enojo? En ocasiones el afecto es expuesto con manifiesta crueldad: «Lo hubiera matado». He ahí la ambivalencia de amor y odio que subyace aun en las relaciones más profundas y que Freud se encargó de señalar.

Durante la construcción de su teoría, Lacan postuló la existencia de una fase a la que llamó *Estadio del espejo*. El concepto da cuenta de una experiencia que el *cachorro humano* vive entre los seis y los 18 meses aproximadamente.

Podríamos plantearlo de este modo.

Cuando el *infante* ve su imagen reflejada en el espejo la percibe como una totalidad, hecho que contrasta con la imposibilidad de coordinación de su cuerpo real, al que registra de modo fragmentado. Él es aún una suma de partes que no termina de unir, en cambio la imagen le resulta completa. Esta completud le resulta amenazante a punto tal que establece con ella una relación de rivalidad.

Sin embargo, es su imagen y debe identificarse con ella para construir su Yo. Es decir que debe recibir y amar a ese *semejante* que le devuelve el espejo y que tanto lo amenaza con su totalidad, de donde entendemos que en la relación más primaria se establece la ambivalencia de agresión y erotismo que guiará el resto de sus vínculos futuros.

Resulta obvio que este camino se recorre aún en ausencia del objeto «espejo», porque esa función la cumplen los demás. Es decir que, de algún modo, los otros son esa imagen en el espejo que genera al mismo tiempo amor y agresividad.

Esta forma particular de relacionarse con los otros irá cambiando a medida que el sujeto crece y adquiere las características que les son propias.

La envidia da cuenta de que esa *rivalidad destructiva* con el otro no ha sido *simbolizada* de modo tal que permita la construcción de un vínculo creativo.

**El envidioso es habitado por una agresividad tal que lo deja sin posibilidad de vivir un amor sano.**

Con los celos, en cambio, pasa algo muy diferente:

**Los celos se definen por una relación triangular en la cual el celoso teme que alguien amado dé a otro lo que quiere para sí.**

No sucede lo mismo que en la envidia, donde el otro se guardaba el objeto (la golosina) para él. En este caso, se lo va a dar a alguien al que seguramente quiere más. Alguien a quien el celoso imagina mejor.

En la envidia, el objeto (la golosina) no tenía ningún valor; en cambio en los celos, sea cual fuere ese objeto (el amor, la sexualidad, el puesto de trabajo) es muy importante para el sujeto. Por eso la persona celosa vive temiendo que su pareja, por ejemplo, se enamore de alguien más o se acueste con otro; porque ese amor y esa fidelidad sexual son muy valiosos para él.

Remarquemos, entonces, las diferencias entre la estructura de los celos y la de la envidia.

En la envidia se da una relación dual, el objeto es contingente y el placer está acotado al sufrimiento del otro. En los celos, en cambio, la relación es triangular, el objeto es muy valorado, existe un enorme temor a que pueda ser dado a otra persona y el sufrimiento queda del lado del sujeto.

**El celoso sufre porque vive en una eterna intranquilidad. Está todo el tiempo pendiente y atemorizado ante la posibilidad de perder aquello que ama.**

## ¿En cuál de las etapas que conducen a la construcción del amor queda ubicada la persona celosa?

Hemos desarrollado la idea de que hay tres momentos en la construcción de un amor:

a) enamoramiento,
b) desilusión,
c) aceptación de las diferencias y desarrollo del amor.

En el primer momento el amado es alguien maravilloso, no tiene defectos, nadie es mejor porque está idealizado en exceso, casi endiosado. La persona amada se engrandece en tanto que el enamorado se va empequeñeciendo hasta el punto tal de no poder entender cómo alguien tan perfecto se ha fijado en él.

Por eso depende tanto de su objeto de amor, porque siente que lo completa, lo llena; en esta etapa, quien ama dice frases que denotan esta asimetría afectiva: «ya había perdido la esperanza de encontrar alguien como tú», por ejemplo.

Dijimos también que era el tiempo de las ilusiones, en el sentido psicológico del término; es decir, pensada la ilusión como un trastorno de la percepción. Y rescatemos este concepto porque nos va a servir para poder explicar algunos fenómenos que se dan en el sujeto celoso.

Bajo el influjo de estas ilusiones, el objeto de amor es percibido de un modo deformado, se le ve más alto, sus ojos son más bellos, su voz más dulce, incluso las actitudes son interpretadas de otra manera.

> No sabes lo dulce que es Roberto —decía una paciente hablándome de un hombre con el que había comenzado a salir— me llamó a las cuatro de la mañana para preguntarme si había llegado bien.

Pero, como hemos aclarado, esto pasa y viene la desilusión; por eso siete meses después la misma paciente protestaba: «¿Me tiene que llamar a las cuatro de la madrugada?, ¿no sabe que mañana trabajo? Lo hace porque no confía en mí y me está vigilando».

Nada dura para siempre.

Este tipo de cosas se generan en ese segundo momento en el que comenzamos a reparar en algunas imperfecciones en el ser amado, imperfecciones que ya existían, pero que el enamoramiento nos impedía advertir. Aparece algo del orden del defecto, de lo que no gusta tanto. ¿Y por qué aparece esto? Porque todo ese amor que dijimos se había volcado en el otro al punto tal de no querer hacer nada sin él, de no poder pensar en otra cosa que no fuera él, es recuperado y vuelve al yo del enamorado.

Técnicamente diríamos que el Yo recupera su *investidura libidinal* y, entonces, puede pensar en otras cosas y actuar de modo diferente.

Al principio bastaba una llamada telefónica para que el enamorado saliera corriendo a su encuentro. En cambio, tiempo después, dirá que en este momento no, que está haciendo otra cosa y pasará más tarde. ¿Por qué ahora puede esperar para verlo y antes no? Porque ha recuperado ese afecto que estaba volcado en su totalidad en el otro, empieza a aparecer el valor propio y vuelve a sentir que es alguien más allá de estar o no con quien ama.

Si se superan estas dos etapas, dijimos, accedemos a un tercer momento de la relación, que puede con suerte y mucho trabajo transformarse en un amor maduro, o al menos, en una pareja viable.

## Eternamente enamorados... (no es tan bueno como parece)

En ocasiones, algunas personas quedan capturadas en el enamoramiento. Eso que parecería ser una muy buena noticia, suele no serlo. Porque aunque parezca maravilloso ser amado de manera tan idealizada y saber que la otra persona está siempre pendiente de nuestros deseos, es necesario poner el acento en lo difícil que puede ser para alguien tener que soportar el lugar del que completa y tiene todo lo que el otro anhela.

Acostada en el diván, una paciente dijo que le resultaba agobiante sentirse tan necesitada por su novio. Se quejaba de que él no podía hacer nada sin su aprobación, que le consultaba ante cada cosa, por mínima que fuera, y terminó esa sesión diciendo: «por favor, que se relaje tantito… soy nada más que una mujer».

Con esas palabras estaba planteando que la idealización extrema, sostenida todo el tiempo, resulta extenuante, y cuando el deslumbramiento inicial se prolonga más de lo debido, ya no es grato para ninguno de los dos.

Hay algo que debemos admitir, aunque no suene grato: hay quienes no están en condiciones de construir una relación sana. Entonces, cuando se les termina la novela rosa, se les termina el amor.

En definitiva, la relación de amor implica poder discriminar lo que el otro tiene para dar de lo que no tiene, o no está dispuesto a ceder.

**Es necesaria una cuota de madurez para respetar la voluntad del otro y ser feliz a su lado a pesar de lo que no puede o no quiere dar.**

Cuando alguien no acepta esta dinámica, la relación se vuelve patológica. ¿Por qué? Porque buscará de cualquier modo lo que no obtiene, va a atormentar al otro, lo va a presionar y con esa actitud hará que su pareja se sienta mal, cuestionada y exigida todo el tiempo.

Ahora utilicemos todo lo que estuvimos viendo y apliquémoslo a los celos. Recuerdo algunos versos de un poema de

Eliseo Jiménez que se llama, precisamente, «Celos». Van a servirnos para graficar lo que siente el sujeto celoso. Dice el poema en una de sus partes: «Tú sabes que en los ojos de los hombres / hay miradas impuras».

El celoso es antes que nada un sujeto que vive con la sensación de estar en permanente peligro; torturado por el temor de que vengan a robarle lo que ama, y observen cómo lo dice en el poema: «en los ojos de los hombres hay miradas impuras». Podríamos preguntar: ¿de qué hombres? Y la respuesta es: de todos. Por eso, cada vez que su pareja sale a la calle o va de compras, teme que los otros (hombres en este caso) le dirijan miradas impuras, y la vida se vuelve un tormento.

Continúo con el poema: «Cuando te envuelve una mirada de esas, / y sientes que resbala por tu cuerpo / ¿qué es lo que piensas? di, ¿qué es lo que piensas?».

Es acertada la decisión de repetir la pregunta, porque así sucede en la realidad. Eso es lo que le pasa todo el tiempo por la cabeza de una persona celosa: «¿Qué estás pensando? ¿De quién te acordaste?».

El celoso vive abrumado por esos cuestionamientos que dirige, a veces en silencio, a su pareja: ¿qué es lo que piensa, qué es lo que mira, qué es lo que siente? Tiene la necesidad de tener bajo control todos los actos e incluso los pensamientos de la persona que quiere, por temor —como dijimos al comienzo del capítulo— de que le dé a otro lo que quiere para sí.

Si leyeran todo el poema, se darían cuenta de que a ese hombre, en rigor de verdad, no le alcanza con nada. Ni la sonrisa, ni el cuerpo, ni la mirada que se le entrega. Es como si quisiera tener la exclusividad de su cuerpo, de su mente y más aún: querría poseerlo todo.

Pero, no olviden la premisa que establecimos en el primer encuentro: todo no se puede. Y esta es la tortura del celoso, o la celosa: no le alcanza con nada. Porque lo que busca es otra cosa; algo que nadie puede darle, ni siquiera la persona que ama, pues siempre querrá más. ¿Recuerdan que la característica principal del deseo es que se desplaza de modo permanente?

Bien, así actúa la dinámica de los celos: si le dan el cuerpo, quiere el amor, si le dan el amor, quiere los pensamientos, si le dan los pensamientos, querrá también los recuerdos y seguirá, hasta que en algún momento la pareja comprende que no va a poder darle nada que lo calme, porque lo que está pidiendo es otra cosa. Algo que ni él mismo sabe qué es. Para encontrar una respuesta a esa interrogante, entre otras cosas, está el Psicoanálisis.

Pero me gustaría compartir con ustedes otra poesía que, en esta ocasión, citaré en su totalidad. Es un regalo que quiero hacerles; una de mis preferidas. Se llama «El amenazado», es de Jorge Luis Borges y está en su libro *El oro de los tigres*. Dice así:

Es el amor. Tendré que ocultarme o que huir.
Crecen los muros de su cárcel, como en un sueño atroz.
La hermosa máscara ha cambiado,
pero como siempre es la única.
¿De qué me servirán mis talismanes:
el ejercicio de las letras,
la vaga erudición, el aprendizaje de las palabras
que usó el áspero Norte para
cantar sus mares y sus espadas,
la serena amistad, las galerías de la biblioteca,
las cosas comunes,
los hábitos, el joven amor de mi madre,
la sombra militar de mis muertos,
la noche intemporal, el sabor del sueño?
Estar contigo o no estar contigo es
la medida de mi tiempo.

Ya el cántaro se quiebra sobre la fuente, ya el hombre se
levanta a la voz del ave, ya se han oscurecido
los que miran por las ventanas, pero la sombra
no ha traído la paz.
Es, ya lo sé, el amor: la ansiedad y el alivio
de oír tu voz, la espera y la memoria,
el horror de vivir en lo sucesivo.
Es el amor con sus mitologías,
con sus pequeñas magias inútiles.
Hay una esquina por la que no me atrevo a pasar.
Ya los ejércitos me cercan, las hordas.
(Esta habitación es irreal; ella no la ha visto).
El nombre de una mujer me delata.
Me duele una mujer en todo el cuerpo.

Como verán, esta poesía tiene un lenguaje mucho más lunar que la anterior, pero de todas maneras, muestra estas cuestiones que venimos trabajando. Por ejemplo, cuando habla de «el horror de vivir en lo sucesivo», está diciendo que el tiempo va a seguir pasando. Probablemente, él quisiera detenerlo ahora, porque está con ella y no quiere que nada cambie eso.

Recuerdo un párrafo de una canción francesa: «deberíamos morir cuando estamos siendo felices». Borges lo dice de esta manera: «el horror de vivir en lo sucesivo». Como si alguien pudiera decir: «Basta para mí, aquí me quiero quedar». Es lo que ocurre en los momentos de felicidad: el deseo de eternizar ese momento. Pero como a esta altura ya sabemos, todo no se puede.

Reparemos en dos cosas más que aparecen en el poema de Borges. «Estar contigo o no estar contigo es la medida de mi tiempo». Es evidente que su inteligencia y sensibilidad le permitieron dar cuenta, de modo conmovedor, de una verdad que bien conocemos los analistas:

**La presencia del amado marca el ritmo del deseo del enamorado. Como si el pulso de la vida misma dependiera de su ausencia.**

Y una última línea: «el nombre de una mujer me delata, me duele, una mujer en todo el cuerpo».

Aquí hizo su aparición el dolor, que es algo inseparable del amor. Porque:

**El dolor no es más que la emoción que nos invade cuando perdemos algo amado.**

Y es una genialidad de Borges el modo en el que revela que parado en ese lugar solo se puede sufrir. Esta es la trampa en la que a veces nos hace caer el amor. Por eso el poema se llama «El amenazado».

El dolor y el amor están tan ligados que hay solo una sola manera de protegerse del dolor: renunciando al amor. Pero es un precio demasiado alto.

Porque el amor aporta esa chispa de vida indispensable para encarar los sueños. Un proyecto laboral o académico, la construcción de una pareja o el apoyo que damos a los hijos, no son sino maneras diferentes de poner en juego ese afecto profundo y único.

**Renunciar a amar es renunciar a vivir. El riesgo del dolor es el costo que pagamos por el intento de habitar un universo que tenga algún sentido.**

Según Freud, nunca estamos más desprotegidos que cuando amamos. Es imposible no ser un enamorado en peligro. Todo el que ama, corre riesgos.

Y llegamos por fin a una primera definición:

**El celoso es un ser al que el riesgo de perder lo que ama se le vuelve una tortura.**

## ¿Los celos son una forma de demostrar amor?

Hay una canción popular que dice: «el que cela molesta, pero el que no, irrita». Según esta dudosa premisa, algo de celos sería indispensable; porque si no se cela, al menos un poco, eso denunciaría la falta de amor.

Estimo que esta idea ronda en la cabeza de muchas personas, pero la frase es falaz porque parte de un supuesto erróneo.

Veamos: dice que el que cela molesta pero el que no, irrita. Así formulada, la enunciación toma la forma de un axioma; es decir, una verdad que hay que aceptar y dar por verdadera sin cuestionarla. Pero resistamos esa trampa y analicémosla a ver qué pasa.

La veracidad de la premisa inicial, «el que cela molesta», dependerá de quién estemos hablando. Es cierto que hay personas a las que les encanta que las celen y les estén encima. De lo contrario, sienten que no son lo suficientemente reconocidos.

Recuerdo una paciente que, muy enojada con su marido, protestaba: «Claro... me ve salir toda arreglada y no es capaz de preguntarme adónde voy. ¿Ves que ya no le gusto? ¿Que ya no le importa si estoy con otro?».

Y la pareja, que a lo mejor pensó que estaba muy bonita y no dijo nada para que no se sintiera perseguida, termina teniendo que dar explicaciones.

La experiencia demuestra que ciertamente hay quienes se irritan si no son celadas; eso ocurre porque confunden los celos con el amor y no tienen incorporada la importancia que tienen para una pareja sana la confianza y la libertad. Hago un alto. No deseo construir con esta idea una nueva máxima errónea.

Otra canción dice en una de sus estrofas: «Si amas a un pájaro, déjalo libre; si vuelve a ti es tuyo, si no, nunca lo fue».

Admito que no es del todo lícito analizar un escrito que tiene aspiración poética con una mirada psicológica. Pero hagámoslo solo como una forma de disparar ideas y veremos que, como la anterior, esta frase también es falaz. Error lógico al que el autor tiene derecho, porque ha escrito unos versos y no un postulado científico. Pero decir «déjala que se vaya que si es tuya va a volver; si no lo hace, implica que nunca lo fue», esconde la creencia de que las cosas son eternas y no pueden perderse. No es así como funciona el mundo.

Seguramente hubo personas que nos amaron de verdad, que metafóricamente podríamos decir que *fueron nuestras*, y sin embargo se han separado de nosotros para siempre. Eso no implica que lo que nos unió en su momento no haya sido un amor auténtico. En ocasiones, las situaciones cambian y las cosas se pueden perder. Lo remarco porque es algo que suele olvidarse en una relación, sobre todo cuando es duradera. Más de un paciente me ha dicho: «Yo pensé que estaba todo seguro, todo tranquilo. Y no. Claro, ahora me doy cuenta de que la tendría que haber seguido seduciendo, que debería haberla cuidado más...».

Es muy importante reconocer que lo que se tiene se puede perder. Porque plantea la inexistencia de la certeza en el amor. El ser humano se modifica y sus relaciones también. Dijo el poeta Pablo Neruda: «Nosotros, los de entonces, ya no somos los mismos».

**Creer que un vínculo es indestructible es una torpeza que puede llevar al descuido de aquello que se ama.**

Es precisamente lo incierto del camino lo que hace del amor una experiencia única y vital. No es lo mismo *fortaleza* que *intensidad*. En ese sentido, tiende a creerse que el amor es un sentimiento fuerte, sin embargo, es muy frágil. Porque el enamorado se encuentra en un estado de sensibilidad extrema en el que cualquier gesto puede herirlo o asustarlo al punto tal de provocar su huida.

Pero, en definitiva, los celos ¿son o no son una manifestación del amor?

Para responder a esta pregunta retomemos el desarrollo de las tres etapas en la construcción del amor, y establezcamos en qué punto de ese recorrido está el celoso.

Dijimos que, para la persona celosa, el otro es la razón de su vida, solo tiene pensamientos para él y lo ve idealizado. Es evidente que estamos hablando del lugar que se le otorga a alguien durante el enamoramiento.

Podríamos plantear la siguiente hipótesis: las personas celosas quedan atrapadas en la etapa del enamoramiento; no pasan nunca por la desilusión y, por ende, jamás llegan a construir un amor maduro. El otro permanece idealizado y es el que vale; el objeto adorado al que se teme perder.

**Los celos son producto de un modo patológico de relacionarse. Un indicador de inseguridad que de ningún modo señala la presencia de un gran amor por el otro, sino una falta de amor por uno mismo.**

Quien padece de celos no sale de este lugar y, con su amor desmesurado, condena a su pareja a sufrir una angustia permanente. Porque no importa cuánto le dé, nunca estará tranquilo puesto que el problema no es con el otro sino con él.

La supuesta desconfianza en su pareja no es más que una proyección de la falta de confianza que tiene en sí mismo.

Utilizando un término que no viene del campo del Psicoanálisis, digamos que se trata de un *problema de autoestima*; seguramente algo ocurrido durante el desarrollo de su psiquis lo ha dejado con una fuerte sensación de desprotección.

¿Por qué se da esta falencia, con qué tiene que ver?

Para explicarlo, es necesario entender que no nacemos con una personalidad, sino que esta se construye a lo largo del tiempo, a partir de la interrelación del chico con el entorno, especialmente sus padres. Es a partir de este contacto que va desarrollando un carácter y encontrando una identidad propia.

Si ustedes le preguntaran a un chico de dos o tres años «¿de quién es este juguete?», les respondería: «Del niño». No diría «es mío». Porque él aún no es él. No tiene algo en lo que se reconozca y habla de sí mismo en tercera persona. Solo más adelante esta identidad, esta personalidad se habrá construido lo suficiente como para que pueda decir «mío».

A ese momento del desarrollo en el que se produce ese cambio psíquico que le permite a alguien reconocer un yo propio y diferenciado del resto, los analistas lo denominamos Narcisismo y, generalmente, es allí donde puede encontrarse el origen de este tipo de inseguridades personales.

## Pero en definitiva ¿qué es lo que el celoso espera de su pareja? (ni siquiera él lo sabe)

Quien sufre de celos intentará que el otro calme una falta que habita en él. Un anhelo que no podrá lograr jamás. Por eso, lo peor que puede hacerse por una persona celosa es complacer sus demandas. Quien quiera ayudarla deberá resistir la tentación de entrar en su juego, porque se trata de un mecanismo patológico.

Imaginen la siguiente escena:

Una mujer se levanta en la mañana para ir a trabajar; su pareja la mira con disgusto y dice:

—¿Te vas así vestida?

—Sí —contesta ella—, ¿por qué?

—No, nada... es que te ves muy vulgar... demasiado provocativa, pero si a ti te gusta...

Les aseguro que si esa mujer vuelve al cuarto, se cambia y aparece luego con un un pantalón ancho o ropa para hacer ejercicio, apenas eludirá el problema esa vez. Después, él volverá a la carga:

—Pero ¿cómo? ¿No llegabas a las seis?

—Sí.

—¿Y qué te pasó?, ya son las 6:15.

Y luego será:

—No, ¿cómo que te vas a quedar a estudiar en casa de tus compañeros? Mejor vengan a estudiar acá.

O si no:

—No te quedes a dormir, yo te voy a buscar... yo te llevo... yo te traigo...

No hay que ejemplificar demasiado para comprender que esta situación, más tarde o más temprano, va a resultar asfixiante. Y, además, no acabará nunca, siempre querrá algo más, porque lo que está pidiendo en realidad es otra cosa, algo que ni él mismo sabe qué es.

En cambio, si cuando esa mujer sale con la minifalda y él le pregunta: «¿Te vas así?», ella respondiera: «Sí, me voy así», quizás lo estaría ayudando. Porque es probable que al no obtener lo que está pidiendo se angustie y, a lo mejor, esa angustia lo impulse a buscar un modo de resolverla. Un análisis, por ejemplo.

La diferencia es clara. No es lo mismo que su calma venga de afuera, que dependa de que otro haga lo que él quiere, que hacer una consulta profesional y averiguar por qué el hecho de que su mujer se vista de modo atractivo lo afecta tanto. En este caso, lejos de caer en el comportamiento patológico, habilitaría un espacio para cuestionarse sobre el origen de su síntoma: ¿qué le pasa al comprobar que su esposa no reacciona como él esperaba, por qué se angustia tanto? Dicho de otro modo, si no viene alguien que alivie su dolor desde afuera se abre la posibilidad de buscar una solución desde adentro, lo cual puede conducirnos a la génesis real del conflicto, que tendrá que ver con el propio sujeto y no con su pareja.

## Celos enfermizos (¿existen otros?)

No podemos pasar por alto el hecho de que hay personas a las que les gusta alimentar los celos, actúan siempre como si fueran a transgredir para intranquilizar a quien está a su lado, y tienen actitudes sospechosas cuando en realidad no están pensando en hacer nada. Con ese comportamiento garantizan la construcción de vínculos sufrientes.

Además, debemos diferenciar los celos patológicos —estos de los que estamos hablando— de aquellos que surgen de situaciones que puedan ser realmente movilizadoras. Por ejemplo, si una mujer le dijera al novio que necesita hablar con su ex para arreglar algunas cosas que quedaron pendientes, y tomó la decisión de irse con él una semana a una cabaña en las sierras, sería comprensible el malestar del hombre. En cambio, si lo que lo pone mal es que la novia tenga que encontrarse con el padre de sus hijos para acordar algunas decisiones que involucran a los chicos, sería una situación completamente diferente.

Resulta necesario, entonces, discriminar cuando los celos son efecto de un estímulo que viene de afuera y es tan fuerte que puede conmover aun a la persona más segura de sí misma, de cuando surgen de la inseguridad interior. Aunque es muy probable que el sujeto busque excusas externas para dar salida a sus sentimientos de frustración.

## ¿Es posible que la actitud demandante tenga que ver con que el otro no esté atento a nuestras necesidades?

Este argumento debe ser considerado con mucho cuidado, porque puede esconder una falacia. Convengamos algo: nadie tiene por qué adivinar lo que desea su pareja.

Recuerdo que, hace algunas sesiones, un paciente llegó muy enojado y dijo que se sentía mal porque hacía dos días que no se hablaba con su mujer. Le pregunté qué fue lo que ocurrió y respondió que ella no le había dicho ni una palabra acerca de un tema que era muy importante para él. Se cumplían dos años desde su recibimiento como médico, un logro que le demandó un gran esfuerzo pues proviene de una familia muy humilde, y él esperaba algún gesto, una cena, lo que fuere; pero ella ni siquiera se acordó.

Después de un silencio, le pregunté cuál era la fecha en la que su esposa, que es pianista, había recibido de regalo su primer piano. Me contestó que no lo sabía. Le inquirí, entonces, si en todos estos años que llevaban juntos, alguna vez la había felicitado en el aniversario de un hecho tan trascendente para ella. Se quedó en silencio, pensando, y entendió adónde apuntaba mi intervención.

Creer que quien está a nuestro lado tiene la obligación de conocer la importancia que cada cosa tiene para nosotros y debe adivinar lo que pasa por nuestra cabeza, es colocarse en un lugar demasiado egocéntrico, como si se fuera el centro del universo. Es mucho más auténtico poner en juego, y en palabras, el deseo. Invitar a alguien a cenar, si ese es nuestro anhelo, en lugar de quedarnos esperando que el otro lo intuya. Hacerlo no siempre es sencillo. Para algunas personas, esta actitud puede llegar incluso a ser muy difícil; pero vale el esfuerzo.

**Es mucho más sano poner en juego el deseo a esperar que, mágicamente, llegue desde afuera una acción que lo satisfaga.**

## Las acusaciones del celoso (un rasgo de inmadurez)

Una de las características más comunes en las personas celosas es la facilidad con la que generan situaciones de reproches y peleas.

Me contó una paciente que su esposo le hizo una escena al volver de un paseo porque un hombre no dejaba de mirarla. Y se preguntaba qué culpa tenía de que alguien se hubiera fijado en ella.

Muchas veces, en situaciones como esas suele haber una acusación velada. Probablemente su marido pensara que el hombre la observó con tanta insistencia porque ella se puso ropa provocativa o lo miró primero. Vaya uno a saber. Pero la imputación silenciosa es que ella había generado esa actitud que a él tanto lo molestó.

Hay incluso situaciones que son aún más ilógicas, aunque no por eso menos habituales. Por ejemplo, una persona va al supermercado y se encuentra con alguien con quien salió hace 15 años, y la pareja se enoja.

—No entiendo, si yo no hice nada. Solo vine a comprar algunas cosas que necesitábamos —alega la imputada en su defensa. Y no hay caso, de nada sirven sus explicaciones.

—Así déjalo —responde el otro molesto.

—Pero ¿qué hice —insiste angustiada—; qué culpa tengo yo de que mi ex haya ido a comprar al mismo supermercado?

No hizo nada de malo; pero, de todos modos, su pareja se exaspera con ella. Ese es un rasgo de inmadurez, lo cual no quita responsabilidad a uno ni al otro. Al celoso por no trabajar para encontrar el porqué de su actitud, y al celado porque debe hacerse cargo de haber elegido a alguien así y continuar tolerando una relación que le hace daño.

## ¿Los celos siempre tienen que ver con la pareja? (el tercero en discordia)

Los celos, como dijimos, ponen en juego una manera particular de relacionarse con otro y no se circunscriben solamente al ámbito de la pareja. De modo que podemos hablar de celos entre hermanos, laborales o entre amigos, algo muy común, sobre todo en la etapa de la adolescencia. Aunque sería más preciso decir que toda relación es susceptible de verse afectada por los celos.

Supongo que muchos de ustedes habrán visto *Amadeus*, la maravillosa película dirigida por Milos Forman y protagonizada por Tom Hulce (Mozart) y F. Murray Abraham (Salieri).

Cuenta la relación particular entre Antonio Salieri y Wolfgang Amadeus Mozart. Se trata solamente de una ficción a la que no debe dársele un valor documental. Salieri fue un músico extraordinario cuya obra les recomiendo escuchar, y de ningún modo ese hombre torpe y desprovisto de talento que presenta el film. Tampoco es cierto que odió a Mozart y haya conspirado en su contra. Pero dejemos eso de lado y vayamos a la película en cuestión.

Salieri es un hombre que ha dedicado su vida a tratar de hacer una música que glorifique a Dios y sea digna de la mirada celestial. Un día descubre la obra de Mozart y comprende que a ese hombre le fue dada una genialidad de la que él carece. Sin embargo, al conocerlo comprueba que se trata de un sujeto muy particular; alguien inmaduro y casi grotesco. Un compositor sutil y sublime en el cuerpo de un hombre totalmente ordinario. Y a Salieri eso le parece tan injusto que reniega de Dios y dedica su vida a perjudicar a Mozart.

Ahora, teniendo en cuenta lo que acabamos de esbozar, ¿de qué afecto se trata?, ¿envidia o celos?

Para responder estas preguntas les propongo que, en lugar de quedar atrapados por el vínculo entre Antonio y Amadeus, nos detengamos a analizar la relación de Salieri con Dios. Es allí donde encontramos los elementos que nos permiten aseverar que se trata de una situación de celos. Salieri ama a Dios; Dios tiene algo que él desea para sí: la posibilidad de elegir a quién le da el talento, y decide dárselo a otro que no es él, Mozart.

Vemos que el esquema es el mismo que ya describimos: Antonio Salieri teme que Dios le dé a otro lo que tendría que haberle dado a él. Y en este caso, además, comprueba que su temor era fundado.

Pero la relación es entre Salieri y Dios; Mozart es el tercero en cuestión, nada más. Y nada menos. Porque Salieri es capaz de destruirlo con tal de que no disfrute de lo que él considera que le corresponde. Algo muy común que ocurra. Si no piensen en las veces que alguien enfrenta enojado al tercero y proyecta sobre él la frustración que le genera que el amado lo haya elegido en su lugar.

## ¿Basta con conocerse para evitar los celos? (no es tan fácil...)

No siempre alguien tiene el conocimiento cabal de dónde le aprieta el zapato. Aun si fuera así, es probable que no alcance con eso para manejar de modo sano sus emociones.

En el ejemplo que acabamos de dar, Salieri tiene ese conocimiento; sabe lo que le pasa, él quiere ser el compositor elegido por Dios, desea el talento, estudió y se comprometió con su sueño, intentó ser cada vez mejor, incluso abrazó la castidad para agradar a la divinidad, y ahora está enojado, dolido. Y todo esto lo ve con una claridad asombrosa; como si se hubiera analizado durante veinte años. Aunque es de esperar que si lo hubiera hecho, tendría la posibilidad de hacer algo diferente con su angustia. De todos modos, lo que quiero remarcar es que a veces una persona reconoce lo que le sucede, pero no sabe qué hacer ni cómo comportarse para que eso no lo invada de una manera destructiva.

Por eso nuestro arte es tan complejo.

**En un análisis no se trata solo de conocimiento e información, sino de un saber de otro orden. Saber que se obtiene luego de recorrer un difícil camino que tiene por meta el develamiento de una verdad y cuyo precio, a veces, es el dolor.**

## Un sentimiento trágico (o la envidia por la vida de la vaca)

Muchos pacientes en algún momento difícil de su vida, ante un abandono o una pérdida, me manifestaron que se sentían vacíos, que los angustiaba saber que alguien a quien amaban podía necesitar más de ellos porque, a pesar de todo el esfuerzo que hicieran, no tenían más para dar.

Esta no es una mera queja, sino un decir que alude a un aspecto profundo y trascendente; aquello que don Miguel de Unamuno llamó «el sentimiento trágico de la vida». Esa sensación de que no vamos a poderlo todo, antes que nada, por el hecho de que todos nos vamos a morir.

Nietzsche dijo que sentía envidia por la vaca que andaba por allí, pastando tranquilamente sin tener culpa por lo que había hecho en el pasado ni temor por la muerte que le esperaba en el futuro. Los hombres no tenemos esa suerte.

En ese sentido, «el sentimiento trágico de la vida» parte de que somos una especie, la única, que es consciente de su propia finitud. Sabemos que tarde o temprano moriremos y que aquellos a quienes amamos también van a morir. Quizás este sea el origen de esa demanda de amor infinita, de esa búsqueda permanente de algo que calme la angustia y garantice que no vamos a quedarnos sin amor. También encontramos allí la necesidad que el hombre ha tenido de creer en algo superior. ¿Qué dice la religión? «Cálmense, que hay alguien que está más allá de la vida y la muerte, que los va a amar y cuidar por toda la eternidad».

No sé si Dios existe; tampoco deseo entrar en ese tema. Cada quien sostiene sus creencias y no es algo sobre lo cual un analista tenga que hablar. Siempre he sido muy respetuoso del tema a pesar de las diferencias. Recuerdo, incluso, que en aquellos encuentros de sábados por la mañana, era común ver a un miembro de la comunidad católica que nos acompañaba casi todas las semanas: la hermana Luján.

Una mañana lluviosa y fría, de esas que le hicieron decir a un amigo que París había surgido solo para ser una profecía de Buenos Aires, estábamos hablando de este asunto y ella, con mucha cortesía me preguntó si podía ser que quienes tenían fe sufrieran un poco menos.

Le respondí que estaba convencido de que era así. Porque esa fe, de alguna manera, los resguarda, les garantiza que más allá de las injusticias y de las pérdidas todos nos reencontraremos algún día y que hay alguien, un Padre, que como decía el Cristo «nos ama a todos por igual».

Este es el sueño que propone la religión: el encuentro de algo que calma la desazón ante la muerte y la dificultad de hallarnos a veces sin respuestas. En ese sentido, Cristo encontró una llave que podría contener la angustia del ser humano; lo que no halló es la otra llave, aquella que nos convirtiera a todos en cristianos para que pudiéramos aceptar sin dudar lo que dijo.

La necesidad de amor y seguridad tiene que ver con la sensación de que hay algo, un vacío, una falta que necesitamos llenar de alguna forma. Es allí donde aparece el deseo de ser amado para siempre, de sentir que lo que amamos no va a morir y que ese amor no terminará jamás.

Pero, aunque duela, esa no es la realidad de nuestra vida. Al menos aquí.

Quizás quienes tienen fe estén en lo cierto y después sea distinto. Por ahora, mientras transcurre nuestra vida terrenal, debemos asumir que siempre vamos a tener que convivir con una falta básica, con un dejo angustioso, una inconformidad existencial que, cuando alguien enferma psicológicamente, proyecta en sus relaciones bajo la forma de la agresión, los celos patológicos o las actitudes posesivas. En el fondo, todas esas reacciones no son más que una manera equivocada de intentar lo imposible: llenar esos agujeros, esa falta.

Por suerte, están quienes reconocen el dolor con el que van a tener que convivir siempre por su condición humana y lo llevan con dignidad.

En una nota periodística, preguntaron a Borges, ya citado muchas veces en este libro, si era feliz. Respondió que si en todos los idiomas se habían tomado el trabajo de inventar la palabra, eso le hacía pensar que era probable que existiera algo parecido a la felicidad, pero él era apenas un hombre. ¿Cómo podía serlo, entonces?

Comparto este pensamiento borgiano haciendo la salvedad de que, por supuesto, me estoy refiriendo a una felicidad plena y total, a la completud absoluta. Pues a pesar de todo lo dicho, por suerte, siempre nos la ingeniaremos para tener algunas alegrías.

## ¿Pueden ser los cambios el origen de los celos? (apostar a la reinvención)

No hace mucho, durante una sesión, una paciente comentó que los celos eran un problema en su pareja. Pensaba que se debía a que les costaba aceptar los cambios. Según creía, eso los confundía y hacía que se sintieran inseguros uno del otro.

> Pero en realidad —dijo textualmente— no es que mi marido no me ame, sino que ya no es el mismo. Somos en pareja desde hace veinte años, hemos pasado por muchísimas etapas y tengo que aceptar que hayamos cambiado, ¿no?

Cambiar es inevitable. No es posible vivir sin modificarse en algún punto; y hay quienes, como mi paciente, se aferran a lo establecido y les cuesta moverse al ritmo de su propia vida. Por eso causa gracia cuando alguien luego de veinte años se queja: «Ya no eres el de antes». Me pregunto ¿qué es lo que esas personas pretenden? ¿Que alguien conserve la ingenuidad, los gustos o sostenga las travesuras de cuando tenía 13 años?

En uno de sus tangos más bellos, «Uno», Enrique Santos Discépolo, uno de los letristas y compositores de tango más importantes de Argentina, escribió: «Si yo pudiera como ayer querer sin presentir». Añoraba, como vemos, ese amor típico de la adolescencia o de la temprana juventud. Un adulto, en cambio, ya no tiene la posibilidad de querer sin tener presentimientos. Probablemente haya pasado por algunas desilusiones, quizás lo hayan engañado y tal vez él haya hecho otro tanto. La vida lo ha marcado y, a fuerza de pérdidas y dificultades aprendió que aunque se esfuerce y haga todo lo posible, muchas veces las cosas no saldrán como las desea. Y en ese contexto ¿cómo no tener presentimientos?

A pesar de esto, el enamorado digno apuesta a lo grande, aunque esa apuesta no toma el rostro del optimismo, que es a mi entender una actitud de modesta inteligencia; tanto como el pesimismo. Creer que las cosas siempre van a salir bien es tan obtuso como pensar que siempre van a salir mal.

He notado que muchas personas gustan de esa frase que invita a mirar el vaso medio lleno en lugar de verlo medio vacío. En realidad, el vaso está colmado hasta la mitad. Hay una parte que tiene y otra que le falta, y así es como lo mira el hombre que, parafraseo a Hermann Hesse, no tiene más ganas de mentirse a sí mismo.

Entonces, cuando en ese devenir constante de la vida uno de los miembros de la pareja va cambiando y el otro no acompaña ese cambio, entran en crisis. La «sociedad de dos» que se sostiene en el tiempo es aquella que se reinventa, puede consensuar nuevos pactos y produce acomodamientos a las modificaciones sucesivas que se producen tanto en uno como en otro.

**Toda relación humana se construye sobre la base de acuerdos, dichos o tácitos. Para que una pareja funcione sanamente es indispensable una actitud inteligente que permita advertir en qué momento se hace necesario modificar un acuerdo preexistente que ya no sirve, por otro que se adecue a la realidad presente del vínculo.**

## Celos entre padres
**(*Kramer vs. Kramer*)**

Señalamos que no siempre los celos tienen que ver con la pareja. Recuerdo el caso de un matrimonio que competía para ver quién quería más a su hijo y a cuál de ellos prefería el chico.

Esta competencia se manifestaba en actitudes nimias o bromas sin importancia. Lo cierto es que estaba todo el tiempo latente y era el origen de muchas discusiones y peleas que, por supuesto, encontraban otros motivos aparentes.

La relación entre padres e hijos presenta dificultades distintas a las de una pareja, pero no por eso excluye la posibilidad de que surjan los celos.

Para ahondar un poco más el tema, me gustaría ejemplificar con una escena de *Kramer vs. Kramer*, película dirigida por Robert Benton y protagonizada por Meryl Streep (Joanna) y Dustin Hoffman (Ted).

El film cuenta la historia de un matrimonio en crisis. A Ted le va muy bien en su trabajo. Pronto será ascendido e incrementará sus ingresos y posibilidades de crecimiento profesional. Cierto día, al llegar a la casa, encuentra a su esposa parada delante de la puerta del ascensor. La mujer ha decidido abandonarlo y él la sorprende con la valija en la mano a punto de partir. No entiende lo que pasa e intenta disuadirla, pero no lo consigue; la decisión está tomada y Joanna se va.

La pareja tiene un hijo pequeño y el padre no sabe muy bien qué decirle. Además, en su fuero más íntimo, espera que vuelva. Esperanza que termina a los pocos días, cuando la mujer envía una carta. Ted la abre creyendo que la esposa va a comunicar su regreso. Se sienta junto al niño para compartirla con él; pero cuando empieza a leerla, comprueba que está dirigida al chico. Es un intento de explicarle el porqué de su abandono.

En esa esquela le dice que, cuando un matrimonio se separa, en general son los papás quienes se van y los hijos se quedan con las mamás. Sin embargo, en ocasiones las que se van son ellas, porque también tienen derecho a buscar algo importante para sus vidas más allá de la familia.

Imaginen la situación de ese niño: no quiere seguir escuchando y empieza a vivir esta nueva realidad de un modo muy angustioso. Su primera reacción es enojarse con el padre porque, según le parece, hace todo mal. Prepara el desayuno, se le quema el pan tostado, tira la leche y, entonces, el hijo dice: «Mamá lo hacía mejor... todo lo hacía mejor». El hombre no sabe qué hacer: se siente impotente ante esa situación, sufre y se desespera.

Pero el tiempo avanza y ocurre algo maravilloso. Padre e hijo empiezan a adaptarse: se ríen, comparten las tareas y disfrutan de estar juntos. Ted limpia la casa mientras que el chico lo ayuda a cocinar; el pan tostado cada vez se quema menos y todo parece encaminarse. En un momento determinado el niño se deprime y le dice que se siente culpable de que su mamá se haya ido, que algo debe de haber hecho mal.

Es una sensación muy común en los hijos de padres separados; piensan que, por culpa de ellos, el matrimonio ha fracasado.

Ted lo calma, lo abraza, lo contiene y le hace entender que no tuvo responsabilidad en la decisión de su madre. Es un periodo difícil y doloroso que atraviesan juntos, luego del cual las cosas comienzan a funcionar bien.

Como ya dijimos, el padre estaba a punto de recibir un ascenso y de ganar mucho dinero. Pero todo tiene un costo en la vida y, en este caso, el costo es que ya no puede dedicarle tanto tiempo al trabajo porque debe ocuparse de su hijo, bañarlo, vestirlo, llevarlo al colegio, ayudarlo a estudiar, estar en su casa para dormirlo y, entonces, lo despiden; ya no es el empleado modelo, el hombre emprendedor con destino de grandeza. Consigue otro empleo de medio día para seguir encargándose de su hijo. Y cuando por fin parecía que las cosas se acomodaban, reaparece la madre.

Ha armado una nueva pareja con un hombre adinerado, se instaló en una hermosa casa, construyó un proyecto y, ahora que está bien consigo misma, quiere recuperar a su hijo. Por eso vuelve a buscarlo.

Sin embargo, el padre no está dispuesto a entregárselo. Quiere que se quede con él y, por ese motivo ella le inicia una demanda legal. De allí que la película se llame *Kramer vs. Kramer*»: la carátula del juicio por la tenencia.

En un momento del proceso judicial se perfila claramente que Joanna tiene todas las de ganar. Le ha ido bien, tiene una nueva familia, un hogar lujoso, en tanto que él, por estar con el hijo, ha perdido ingresos económicos, su condición es muy austera y, como si esto fuera poco, no es la madre.

Como sabemos, se cree erróneamente que los hijos están siempre mejor con sus madres; un principio que podríamos discutir largamente. No puede emitirse un dictamen universal sobre esto; dependerá de cada caso.

Sin embargo, muchas veces la ley es injusta. Por ejemplo, existe una tendencia a privilegiar el lazo de sangre por sobre el amor. De modo que un matrimonio que tiene un chico en custodia a la espera de la adopción definitiva, sabe que se lo quitarán si en ese tiempo —que a veces dura años— apareciera alguno de los familiares de origen del niño. ¿Imaginan el dolor que implica para los padres y el daño psíquico que genera en el hijo que deberá enfrentar no solo el abandono original, sino además el hecho de ser arrancado de su familia? Y los llamo así porque emocionalmente es lo que se ha construido: una relación entre padres e hijos.

No obstante, quienes legislan a veces desconocen un detalle fundamental:

**No es la sangre lo que legitima la existencia de un vínculo, sino el camino compartido a lo largo de la vida. Anteponer la biología al afecto es un acto *inhumano*, porque prioriza lo animal por sobre la construcción del amor.**

Volviendo a la película, el abogado de Ted le dice que no pueden ganar el juicio a menos que esté dispuesto a tomar una decisión drástica: subir al niño al estrado para que cuente su sufrimiento cuando lo dejó la madre, cómo se sintió abandonado y relate todo lo que el padre hizo por él.

El hombre imagina la situación que debería afrontar el chico en ese lugar, rodeado de testigos, la prensa, el juez, el jurado y dice:

—Yo no puedo permitir que mi hijo pase por esa situación.

—Si no lo hacemos, vamos a perder —objeta su letrado.

—Bueno —responde el padre— perdamos entonces; pero no voy a exponerlo a eso.

El juicio sigue adelante y, como era de esperar, pierden. Y así llegamos a la escena final: el día en el que la madre debe ir a buscar al niño para llevárselo.

En la casa todo parece listo: el chico vestido, la valija preparada en un rincón y ambos esperando. Padre e hijo se miran. Están quebrados. El hijo intenta retener su llanto, pero no puede. El papá lo acaricia, le sonríe, mira el reloj y suena el timbre: es Joanna.

La mujer le pide que baje solo. Él accede y la encuentra destruida en una crisis de llanto. La mira sin entender. Con voz entrecortada, le confiesa que peleó todo ese tiempo por recuperar a su hijo porque lo ama y quería lo mejor para él. Mi memoria recuerda más o menos el siguiente diálogo.

—Antes de venir —le cuenta— imaginé que estaría despertándose, mirando el techo adornado con estrellas que yo misma le pinté... y pensé que debería haberlo hecho también en su nuevo cuarto. —Le cuesta hablar, pero continúa como puede—. Quería darle un hogar. Pero de pronto comprendí que él ya está en su hogar... por eso no puedo llevármelo. —Llora—. Lo quiero tanto.

Y es claro cuánto lo quiere. Por eso, Joanna, quebrada, se echa en los brazos de su ex marido, y lloran juntos. Es una imagen muy fuerte y conmovedora.

Nos referimos a los celos que pueden surgir entre los padres por el cariño de sus hijos; también al sentimiento de posesión que en algún momento puede hacer que alguien, en este caso el chico, se transforme en un objeto de disputa sin que sus deseos sean tenidos en cuenta. En cambio, cuando los padres lo miran y reconocen que se trata de una persona con derecho a elegir, la actitud de los dos cambia.

Esta historia muestra que:

**El amor, cuando no es patológico genera decisiones más sanas.**

Ese padre fue capaz de renunciar y perder lo que amaba con tal de cuidarlo. Y ella, a su vez, hizo lo mismo para no lastimarlo:

«Este es su hogar, su casa y aunque yo lo quiera tanto, es aquí donde debe estar».

Por eso se abrazan y se reencuentran; ya no como pareja, sino como dos padres que aman a su hijo y son capaces de dejar a un lado el egoísmo.

Todo sujeto tiene el derecho a poner en juego su deseo y elegir por sí mismo.

**La posesión contradice al amor. Se poseen los objetos, y nadie que trate a otro como si fuera una cosa puede amarlo verdaderamente.**

Es cierto que las relaciones humanas son complejas y muchas veces la posesión, los celos y la envidia se mezclan. Sin embargo, hay un punto en el cual el amor se hace deseable en la vida de los hombres: cuando alguien respeta y valora lo que ama. Hay quienes no entienden esto.

Recuerdo una hermosa metáfora de algunos pueblos africanos: es cierto que cuando cerramos el puño nadie puede quitarnos nada, pero no es menos cierto que tampoco pueden colocar algo nuevo en nuestra mano.

Por eso compartí con ustedes el relato de esta película. Porque la historia muestra cómo, al principio, hay una puja entre dos personas que aman sinceramente, pero de un modo celoso que no tiene en cuenta al objeto amado. Sin embargo, cuando todo empieza a verse más claro, comprenden que:

**A veces para ganar hay que perder y en ocasiones, si se quiere hacer bien las cosas, tal vez sea necesario sufrir.**

# *INTERLUDIO II*
# NARCISISMO

*Él ama y no sabe que ama,*
*no sabe siquiera cuál es su sentimiento...*
*Él no se da cuenta de que se mira a sí mismo*
*en el amante como en un espejo.*

PLATÓN

Como hemos deslizado el tema del Narcisismo, me parece oportuno hacer un breve recorrido por esta noción que es de vital importancia para la estructura teórica del Psicoanálisis. Se trata de un concepto que Sigmund Freud acuñó en 1914 a raíz de su ruptura con Jung.

Carl Gustav Jung estudió medicina en la Universidad de Basilea y colaboró intensamente con Freud en los comienzos de sus investigaciones. Pero, de a poco, se distanció hasta que se produjo la ruptura definitiva entre ellos.

La íntima convicción de Freud acerca del papel fundamental de la sexualidad en el origen de las enfermedades psíquicas, fue el motivo principal de esta pelea. No olvidemos que el creador del Psicoanálisis tuvo que enfrentar a toda una cultura para defender sus ideas, y Jung no fue la excepción.

Por lo general, Freud solía tomarse un tiempo entre la elaboración de una idea teórica y su publicación. Sin embargo, esta disputa con Jung hizo que diera a conocer casi de inmediato un artículo fundamental: «Introducción del narcisismo».

Antes de continuar, hagamos un repaso por el mito que da origen al término *narcisismo*.

Es probable que la historia de amor entre Narciso y Eco no sea de las más conocidas y quizás se deba a que se trata de un episodio menor, pero no por eso carece de la delicadeza poética de la mitología griega.

Narra Ovidio en *Las metamorfosis*, que la hermosa Ninfa Liríope quedó embarazada al ser violada por el río Cefiso. El bebé que dio a luz era tan bello que desde el momento de su nacimiento se convirtió en objeto de amor y adoración de sus compañeras.

Preocupada por el destino del niño, su madre consultó al ciego Tiresias, un reconocido vidente, para que le dijera qué le aguardaba a su hijo. La respuesta del adivino fue la siguiente: «Vivirá feliz mientras no se vea a sí mismo».

El tiempo pasó y Narciso fue creciendo, amado y adorado. Pero entre todas las pasiones que generó, se destaca el frenesí que sintió por él la Ninfa Eco.

Es sabido que Zeus, el rey del Olimpo, era un dios que daba rienda suelta a sus impulsos eróticos, ya fuera con hombres o mujeres. Su esposa y hermana, Hera, intentaba en vano mantenerlo bajo control, pero el dios siempre se ingeniaba para encontrar la manera de eludir su vigilancia.

En cierta ocasión, le pidió a Eco que lo ayudara. La Ninfa era célebre por su habilidad para relatar historias, una especie de Scheherezade helénica, y Zeus le encargó el trabajo de entretener a su esposa mientras él disfrutaba de sus conquistas amorosas. Así lo hizo la ninfa durante un tiempo, hasta que alguien alertó a la diosa de los níveos brazos de esta trampa.

Hera, reconocida por su carácter furibundo, la castigó quitándole ese don maravilloso que tenía con las palabras y condenándola a repetir solamente las últimas sílabas que escuchara de la boca de los demás.

Un día, Eco vio a Narciso y quedó deslumbrada. Comenzó a seguirlo sin que este se diera cuenta, hasta que por fin decidió acercarse y confesarle su amor. Pero, debido a su condena, le fue imposible utilizar las palabras para seducir al joven, quien la rechazó de manera soberbia y cruel. Ella, dolorida por la ofensa, exclamó para sus adentros casi a modo de maldición: «Ojalá cuando él ame como yo lo amo, desespere como desespero yo». Bien sabemos que en la mitología clásica las maldiciones siempre se cumplen. Y un sino fatal iría en favor de este cumplimiento.

Narciso vio su rostro reflejado en las aguas del río y, a partir de entonces, quedó sentenciado a amarse. Este fue el peor de sus castigos, el que lo condenó a la soledad eterna: «Desdichado yo que no puedo separarme de mí mismo. A mí me pueden amar otros, pero yo no puedo amar».

Esta pasión lo consumió de a poco hasta que, desesperado por tenerse, se arrojó al río intentando abrazar su propia imagen y se ahogó. Al poco tiempo se generó una extraña metamorfosis. En la orilla de aquel río comenzó a brotar una hermosa flor, la misma que hoy lleva su nombre: Narciso.

Eco, por su parte, se desintegró y esparció por el mundo. Y aún hoy podemos escuchar cómo nos responde reproduciendo las últimas sílabas cuando gritamos en la cima de una montaña, en un bosque solitario, o en el pasillo de un edificio, generando ese fenómeno sonoro al que en su honor llamamos «eco».

Hasta aquí la historia que los mitos nos han permitido conocer acerca de Narciso. Pero ¿a qué hacemos referencia en psicología cuando hablamos de Narcisismo?

El Psicoanálisis utiliza este término para explicitar un momento particular de la vida en el cual se constituye una parte fundamental de la estructura psíquica. Veamos cómo funciona esto.

Cuando el bebé nace no es todavía una unidad sino una suma de zonas erógenas.

Llamamos *zona erógena* a toda región del cuerpo susceptible de generar excitación sexual. Específicamente tienen que ver superficies relacionadas con funciones vitales que luego desprenden un plus de placer. De allí que hablemos de zona oral, anal, genital o los pezones, por ejemplo. En realidad, cualquier parte del cuerpo tiene la potencial facultad de convertirse en una zona erógena, aunque en ocasiones esa sobreexcitación no tome la forma del placer sino del dolor. Los síntomas *conversivos* de la histeria son un ejemplo claro de esto.

Estas zonas erógenas son los bordes a través de los cuales el chico empieza a conocer el mundo y a relacionarse con él.

La primera que se pone en funcionamiento es la boca. A este periodo se le denomina «etapa oral». Esa parte del cuerpo lo relaciona por primera vez con el exterior cuando la madre le da el pecho y le enseña que por allí entra el alimento, pero también el amor, pues ese pecho significa para el bebé mucho más que la comida. En contacto con él descubre el afecto de su mamá, que en ese momento representa el mundo todo. Cuando llora *pidiendo* el pecho, el bebé reclama ser amado y a partir de este modelo cada cosa que pidamos llevará ese anhelo de modo manifiesto o escondido. No importa de qué se trate, como señaló Lacan: «Toda demanda es demanda de amor».

De allí la importancia fundamental que en el desarrollo de la psiquis de un sujeto tiene esta etapa. Por eso, cuando los padres nos traen a un niño que presenta alguna dificultad, solemos preguntar si fue amamantado, hasta qué edad, cómo vivió la mamá este periodo, si le gustaba o no darle el pecho. En realidad, intentamos averiguar cómo ha sido la entrada de ese chico al mundo y al amor.

La madre manifiesta su cariño cuando da el pecho y su negativa a hacerlo es vivida como un rechazo: «Si me da es porque me quiere, si no, es que no me ama». Es decir que hay un objeto valioso, el pecho materno, que el otro da o no al bebé según su voluntad.

Con posterioridad llegará la «etapa anal», momento de la adquisición del control de esfínteres en el que se producen dos cambios importantes con respecto al periodo anterior.

El primero de ellos es el objeto: el pecho de la madre deja lugar a las heces del niño. El segundo es el sujeto: ya no es la mamá quien ofrece o niega el objeto valioso; ahora es el hijo.

En la etapa oral, él pedía el pecho; en esta, en cambio, los padres le piden a él: «Anda, haz aquí… espera que ya llegamos, todavía no… avisa». Es el chico quien queda en posición de dar o no lo que otros demandan y empieza a manejar esto de modo caprichoso: entrega el objeto cuándo y a quién se le da la gana.

De allí que resulte común escuchar frases como estas: «Que me lleve al baño mamá», «Hoy quiero que me limpie papá». Ellos eligen a quién obsequian este objeto que tanto valoran los demás, como si fuera un preciado regalo. Después de todo es una parte de su cuerpo.

Esta actitud despótica y arbitraria ha generado que se le denomine periodo sádico-anal.

La tercera se conoce como «etapa fálica». En ella, la zona erógena preponderante para el varón es su pene, y para la mujer, el clítoris. Es el momento en el que aparece con claridad la masturbación infantil. Al consultarnos, los padres suelen decir: «No sé qué hacer, se toca todo el tiempo».

Sin embargo, esto que tanto preocupa a los papás es un proceso normal y necesario para la conformación psíquica de todo sujeto humano.

Hasta aquí el chico es una suma de zonas erógenas, no se reconoce como una unidad y todavía no puede decir «Yo» al referirse a sí mismo. Por eso, como dijimos antes, los escuchamos nombrarse en tercera persona. Cuando le preguntamos «¿de quién es esto?», en lugar de «mío», responde «del niño».

Estas etapas del desarrollo psíquico y sexual se dan en el periodo al que denominamos «autoerotismo», porque la relación del chico es con sus propias zonas erógenas. Su mundo gira alrededor de ellas y no está capacitado para dar afecto a los demás porque todavía ni él ni los otros constituyen una integridad.

Mamá aún no es mamá sino su pecho. Para poder empezar a dar y recibir amor en el sentido pleno de la palabra, debe formar personas totalizadas en lugar de objetos parciales.

El Psicoanálisis ha descubierto que llegar a eso, lejos de resultar sencillo y natural, es una tarea llena de dificultades que impone al chico un gran esfuerzo. Muchos de los obstáculos que un adulto debe enfrentar en su vida provienen de fallas surgidas en el atravesamiento de alguna de estas fases.

Celos, sentimientos posesivos o agresivos, problemas de relación o imposibilidad de ser felices, devienen de inconvenientes en la resolución que este proceso nos impone cuando somos niños.

Dijimos que, para poder amar, primero se debe construir un objeto total; es decir, percibir a mamá y no solo su pecho. Pues bien, el primer objeto total, la primera persona completa que el niño logra integrar es él mismo. A este momento a partir del cual el chico deja de decir «el niño» para decir «Yo», lo denominamos Narcisismo. Solo después de este «nuevo acto psíquico» —como lo llamó Freud— se adquiere la posibilidad de amarse a sí mismo y a los demás.

El amor se convertirá en un elemento valioso y limitado, de modo tal que el sujeto debe administrar cuánto guarda para sí y cuánto da a los otros. Porque cuanto más se ame a sí mismo menos amor tendrá para el resto y cuanto más derive hacia el exterior, menos le quedará para cuidar su valor y su autoestima.

Se trata, entonces, de guardar un equilibrio sano para evitar caer en situaciones extremas y patológicas. Cito la poética y veraz sentencia de sor Juana Inés de la Cruz: «El amor es como la sal. Dañan su falta y su sobra».

Son las psicoterapias y no el Psicoanálisis las que otorgan una entidad clínica a los problemas devenidos de un mal atravesamiento de estas etapas. Justamente, han acuñado el término «Trastornos del Narcisismo» para referirse a las características particulares de estos cuadros. También se ha incorporado la palabra *autoestima* (utilizada en varias ocasiones en este libro, por su uso habitual más que por su precisión).

Teniendo en cuenta que el Narcisismo hace referencia a la adquisición y estructuración del Yo, los llamados Trastornos del Narcisismo tendrán que ver con dificultades en la constitución de la personalidad y las secuelas que dan lugar a diferentes enfermedades.

El mito clásico hacía referencia al amor por la propia imagen. Lo cual instala dos temas: la imagen, cuestión que acabamos de tratar, y el amor. Dijimos también que el amor debe administrarse como si se tratara de una cantidad.

Ahora ¿cuál sería la cantidad de afecto necesaria que un sujeto debe volcar sobre sí mismo? No es algo menor. De ser excesiva generaría actitudes egocéntricas; pero si fuera insuficiente, acarrearía problemas de baja autoestima.

Por supuesto existe la posibilidad de que estos procesos se den sin dejar consecuencias graves. Sin embargo, para entender mejor la importancia de esta etapa vayamos a las derivaciones surgidas del Narcisismo patológico, es decir, de aquellos casos en los cuales no hay suficiente estabilidad en el Yo y la valoración propia está perturbada.

Por lo general se trata de personas inestables, que cambian con facilidad su estado emocional según las situaciones. Suelen ser vivaces, divertidas y alegres cuando las cosas salen como ellos quieren. En cambio, si tienen que soportar una frustración, caen en estados depresivos o se ponen muy ansiosas. Estas reacciones sorprenden y generan la siguiente interrogante: ¿cómo es posible que alguien que parecía estar tan bien, de pronto se haya puesto a llorar, deje de razonar, o sea capaz de un grado tan alto de agresión? Desequilibrio que puede producirse incluso por motivos menores.

Quienes padecen de un Trastorno Narcisista, ante cualquier problema sienten que no pueden manejar la situación y toman los comentarios que contradigan sus ideas como si se tratara de una agresión personal. Al no poder resolver de modo satisfactorio este desequilibrio, apelan a respuestas enfermas; por ejemplo, la conducta adictiva o psicopática.

Pero no siempre se trata de personas con baja autoestima. Por el contrario, en ocasiones suele aparecer una sobrevaloración del Yo como mecanismo de defensa. Esa postura maniaca las vuelve tan intratables que no admiten que se les refute; piensan que nunca se equivocan y jamás reconocerán haber cometido un error.

Imaginemos lo difícil que es vivir con alguien que cree tener siempre la razón, desvaloriza todo el tiempo a los que opinan diferente e intenta degradar a quienes considera valiosos para que nadie lo supere. Son soberbios, altivos y suelen humillar a los demás con sus comentarios, sin embargo, esconden un gran sentimiento de inseguridad. Aparentan ser autosuficientes, pero hay algo que los delata: la imposibilidad de reconocer sus errores. Para que alguien acepte que se ha equivocado, debe tener un mínimo equilibrio emocional que ellos no poseen.

**Siempre es más fuerte quien tiene el valor de cuestionarse que aquel que proyecta la responsabilidad en otro.**

Estos sujetos se imponen la obligación de triunfar a cualquier costo y no soportan el fracaso. Confunden la parte con el todo. Es decir que el menor éxito los hace sentir geniales y cualquier revés les deja la sensación de no servir para nada.

Por suerte, el análisis brinda la posibilidad de trabajar para resolver estos problemas.

Suele cuestionarse al Psicoanálisis la tendencia a buscar en los primeros años de vida la raíz de los problemas actuales y hay quienes sostienen que es una tontería ir tan atrás en lugar de encarar el aquí y ahora del conflicto. Ocurre que la infancia es una etapa de vulnerabilidad e indefensión.

**La posibilidad de que alguien sea feliz en la vida dependerá de cómo haya resuelto los desafíos de su niñez.**

## QUINTO ENCUENTRO

# EL ENIGMA DE LA SEXUALIDAD

*El realismo en el amor no vale más que en el arte.*
*En el aspecto erótico, la imitación de la naturaleza*
*se convierte en la imitación del animal.*

JOSÉPHIN PÉLADAN

## Instintos básicos

Vamos a adentrarnos en una temática compleja y conflictiva: la sexualidad. Para hacerlo, me gustaría recordar el comienzo de una película que en Argentina se llamó *Bajos instintos*, pero cuyo título original era *Instintos básicos.* Tal vez haya sido una decisión de *marketing*, o una elección del traductor, no lo sé; lo cierto es que no significan lo mismo.

Es muy diferente decir que el instinto sexual es *bajo*, que supone algo degradado, a definirlo como *básico*, lo cual implica que está en la base, en el origen mismo de la sexualidad humana. Esta diferencia abre otra dimensión para pensar el tema.

Vayamos a la película.

En el comienzo aparece una mujer hermosa teniendo relaciones sexuales con un hombre. La vemos moverse sobre él, la escuchamos gemir y la escena es ciertamente muy erótica. Hasta que, en el momento del clímax, ella saca un elemento punzante que escondía debajo del colchón y lo asesina apuñalándolo una y otra vez mientras que, con este acto de agresión final, alcanza la máxima excitación y llega al orgasmo.

Cito esta imagen para dejar algo claro desde el comienzo:

**La sexualidad humana no es algo natural ni está necesariamente ligada al amor.**

La elección de un ejemplo tan extremo, busca mostrar que a veces, para alcanzar el disfrute, para que el placer se vuelva orgasmo, es necesario que entre en juego algo del orden del dolor o, incluso, de la destrucción.

Piensen en las amenazas de los amantes anunciando lo que se harán uno al otro, o en el comentario que una mujer hace a sus amigas después de una relación muy intensa.

—¿Y… qué tal estuvo? —le preguntan.

Para transmitir la potencia erótica de su compañero y la medida de su disfrute, ella responde:

—Mortal… Es un animal… me mató.

Por lo general, se tiene la idea de que la sexualidad intenta conseguir el orgasmo y que ese momento es una comunión de dos cuerpos que se entrelazan íntimamente conectados. Pues bien, no es así.

En la novela *Los padecientes,* hay una escena erótica que juega el protagonista, Pablo, con una joven de nombre Luciana. Allí se describe el acto sexual hasta sus últimas consecuencias, físicas y psicológicas, entrando en la mente de lo que ese hombre está sintiendo.

En esa descripción quise transmitir que al momento del orgasmo el sujeto siempre está solo. Lo único que se espera del otro es que no moleste.

**El *orgasmo* es del Uno, no de la pareja. En ese instante se rompe el eje imaginario que nos liga al amante, y aparece la**

**relación del sujeto con su fantasma, del cuerpo con sus zonas erógenas y el borde pulsional que roza su modo de gozar.**

El orgasmo es un acto que se disfruta en la más profunda soledad. Algunas personas incluso lo expresan claramente: «quédate quieto... no te muevas... déjame a mí... no me digas nada». Es decir que, en ese trance el amante exige que se le deje solo con su cuerpo, con sus sensaciones, en la posición que más le gusta y con el movimiento rítmico que desea, con sus fantasías incluso, porque allí aparece toda una cuestión que no es de dos sino de uno. Conocer y respetar ese momento es parte de la construcción inteligente de una pareja.

Haciendo referencia a la intensa sexualidad que tenía con su esposo, una paciente me dijo: «Es genial porque nos conocemos mucho. Ya tenemos el ritmo del otro incorporado y él sabe exactamente qué me gusta a mí».

Sin embargo, a pesar de lo que esta paciente dijo, lo cierto es que no hay un saber acerca de la sexualidad. Cada quien encontrará su máximo disfrute de la manera única y particular en la que su mente y su cuerpo lo requieran. Y el mejor de los amantes es aquel que acepta que, en ese instante, no es el protagonista de la historia; alguien que ha aprendido cuándo no molestar al otro.

El buen *partenaire* sexual no es el que tiene todo preparado, bajo control y utiliza la misma técnica con todas las personas. La sexualidad es un territorio de incertidumbres, no de certezas.

Recuerdo a una mujer que en una sesión expresó: «La verdad es que en el momento en el que estoy teniendo un orgasmo, si él no estuviera sería mucho mejor». Lo decía como si fuera una broma; pero ya hablamos acerca del chiste y su relación con el

Inconsciente. A su manera, estaba reclamando el derecho a experimentar su modo personal de llegar y disfrutar del orgasmo. Si en ese instante el compañero sexual hiciera algún movimiento inconveniente, ya fuera verbal o físico, la magia se interrumpiría y algo del disfrute podría perderse.

—Estaba allí, casi por llegar… y se me fue —comentó alguna vez una paciente—. Tuve un orgasmito, no fue de esos fuertes que te dejan temblando.

¿Y por qué? Porque no pudo quedarse sola en esos segundos en los que se funden lo físico y lo psíquico, el placer y el dolor. De allí que a muchas personas les resulte más sencillo alcanzar el orgasmo cuando se masturban que si tienen relaciones sexuales.

## El orgasmo femenino y la mentira

Si bien la cuestión del orgasmo es difícil de abordar, suele referirse a él como el momento de descarga de una gran tensión que se ha ido acumulando durante el juego preliminar y luego en el acto sexual propiamente dicho.

Para poder pensar sobre esta cuestión, es necesario antes introducir un concepto psicoanalítico: el Principio de Placer. Les pido que me acompañen en el desarrollo de esta idea.

Acordemos algo: cuando hablemos de placer-displacer no estaremos haciendo referencia a lo que a una persona le gusta o le disgusta, sino a una cuestión de tensión psíquica. La psiquis funciona sobre la base de diferentes *montos de afecto* que pueden aumentar o disminuir.

Ahora bien, hay un límite por encima del cual esa tensión empieza a ser vivida como displacentera y necesitamos disminuirla porque genera un aumento de la ansiedad. ¿Cómo lo logramos? De muchas maneras.

Piensen cuántas veces le han dicho a un amigo: «llora que te va a hacer bien, descárgate». En esa invitación a la catarsis le están proponiendo un modo posible de disminuir el monto de afecto excesivo.

A ese funcionamiento que busca la homeostasis —es decir, que la psiquis mantenga un nivel constante de energía— lo llamamos Principio de Placer.

Dejemos claro que es necesario un mínimo nivel de tensión, de lo contrario el aparato psíquico quedaría inmóvil y desaparecería el deseo.

La palabra *nirvana* es utilizada en las filosofías orientales para dar cuenta del estado de *iluminación* que un hombre puede alcanzar si rompe las cadenas que lo atan a la vida. En ese estado, una persona deja de sufrir por las cosas del mundo, porque se ha liberado de las ataduras de sus deseos. Esta condición tan anhelada por quienes profesan esa creencia, para el Psicoanálisis es, en cambio, algo a evitar. El iluminado es alguien que ha muerto, pues quien ya no está recorrido por el deseo deja de ser un sujeto humano. De allí que a esa búsqueda del estado de tensión cero lo llamemos Principio de Nirvana.

Asimismo, un aumento excesivo de afecto psíquico es registrado como displacentero. Sin embargo, en la sexualidad ocurre algo que parece contrariar lo antedicho.

Dado este esquema, podemos entender que el placer estaría en la descarga de la tensión acumulada y que el fin de la relación sexual sería el orgasmo. Pero si esto fuera así, ¿por qué, entonces, muchos lo demoran y posponen en el tiempo lo más que pueden? ¿Por qué se disfruta tanto de una tensión extrema que, psíquicamente, debería ser vivida como displacentera? La respuesta es simple:

**En la sexualidad se juega un más allá del Principio de Placer, lo cual explica por qué el orgasmo tiene algo de doloroso.**

Basta con percibir el descontrol, el pulso que se acelera, los gemidos, los gestos del rostro, para entenderlo. De hecho, los niños en sus fantasías imaginan que el acto sexual es agresivo.

La falta de un saber sobre la sexualidad lleva a los chicos a desarrollar sus propias hipótesis. Son las llamadas *Teorías Sexuales Infantiles*.

Una de ellas es la *Teoría de la Concepción Sádica del coito* que, como hemos señalado, sostiene la creencia de que el sexo es un acto agresivo de apoderamiento y dominio de uno sobre el otro. Y no debe extrañarnos. Imaginen a un chico del otro lado de la puerta del cuarto de sus padres escuchando jadeos, gritos, manifestaciones verbales tales como: «Eres mía»... o «Me estás matando».

Otra es *La Teoría Cloacal*, que se funda en el desconocimiento de la existencia de la vagina, lo que les hace pensar que los bebés son concebidos por la boca y paridos por el ano de sus madres.

La última de estas teorías infantiles es *La Primacía Universal del Falo*: inicialmente los niños desconocen las diferencias anatómicas entre hombres y mujeres y suponen que todos los seres tienen pene. Cuando la percepción les indica que esto no es así, el primer impulso es negarlo y afirman que la mujer tiene uno tan pequeño que no se les ve o que han hecho algo tan malo que fueron castigadas con la castración.

Retomemos. Si hacer referencia al orgasmo es hablar de algo enigmático, en los hombres esto parece zanjarse en parte porque se confunde con la eyaculación. ¿Pero esto es así? ¿Cuántas veces alguien eyacula y, sin embargo, el placer no ha sido demasiado grande? ¿Cuántas se trata de una mera descarga seminal provocada por ciertos estímulos corporales, sin la aparición de la sensación fuerte que produce el orgasmo? Sensaciones que, por otro lado, pueden aparecer aun en ausencia de eyaculación.

Hay personas que no pueden entenderlo y por eso, luego de una relación maravillosa si el hombre no eyaculó, piensan que no la ha disfrutado. Y aunque él jure que sí, no le creerán. En esos casos, la eyaculación actúa como una prueba, casi una garantía de que él la ha pasado bien.

Del mismo modo, también algunos hombres cuya elección es la heterosexualidad, necesitan constatar que la mujer quedó satisfecha con el encuentro. Pero, como ni siquiera tienen esa prueba engañosa de la eyaculación, se sienten inseguros y no pueden eludir la pregunta: «No me mientas, dime la verdad. ¿La pasaste bien?».

Y, al igual que en el ejemplo anterior, es posible que la verdad no alcance para convencerlo. Por eso, la idea estereotipada que circula sobre el fingimiento del orgasmo femenino tiene en realidad dos posibles motivos: el primero sería tranquilizar al otro demandante que quiere escuchar que ha estado a la altura de las circunstancias. Como si con los gritos exagerados se le estuviera diciendo: «¿Así está bien? ¿Estás tranquilo? Tú dime cuántas veces lo necesitas y yo te lo doy».

El otro motivo sería que muchas mujeres se avergüenzan de no llegar al orgasmo. Piensan que hay algo malo en eso y se atormentan con la idea de que son menos mujeres. Entonces, la mentira viene a cubrir lo que viven como una falencia personal. Podríamos decir que en ambos casos se pone en juego la inseguridad, de uno o del otro.

**La demanda de comprobación del orgasmo es un modo de apaciguar la angustia que surge ante la ausencia de un saber posible sobre la sexualidad.**

Notarán que esto se liga a algo que ya expusimos: la falta de instinto en el hombre.

¿Ustedes imaginan a un lobo macho preocupado por saber cómo la pasó la hembra? Seguramente, no; porque allí sí existe un conocimiento acerca del cómo, cuándo y porqué del encuentro sexual. En cambio, como en la sexualidad humana no hay un saber natural, el *partenaire* intenta averiguar hasta dónde ha llegado a satisfacer al otro y qué clase de amante es. En otras palabras, qué lugar de importancia tiene en la sexualidad del otro.

## La satisfacción

En un capítulo anterior nos referimos a la diferencia entre el Instinto y la Pulsión y dijimos que el instinto sexual permite llegar a la satisfacción total. Por eso, cuando dos perros terminan de aparearse, a ninguno se le ocurre cuestionarse por qué lo hicieron o si están arrepentidos, como ocurre con algunas personas.

Por el contrario, se dan vuelta y quedan unos minutos pegados mirando para lados opuestos, *abotonados* es el término común con el que se designa ese momento. Es un comportamiento natural para dar por terminado el acto y garantizar que hasta la última gota de la simiente entre en el cuerpo de la hembra en busca de la procreación. Porque el fin del instinto sexual, recordemos, es la reproducción. Algo que los sujetos humanos suelen evitar, excepto en las contadas ocasiones en las que buscan un embarazo. En cambio, ponen en juego otros mecanismos que pasan por la palabra, por las caricias. El perro no se preocupa por acompañar a la perra hasta su casita luego del encuentro ni se queda haciéndole mimos. No necesitan de eso, las personas sí; porque en el hombre las cosas son diferentes, la pulsión no es el instinto. No hay un saber posible ni mucho menos una satisfacción total.

Tratar de comunicar algo del orden de la pulsión es muy complicado, porque se trata de un concepto teórico que, como todo concepto proveniente del Psicoanálisis, da cuenta de cosas que ocurren en la clínica. Por eso es difícil de transmitir. Pero al menos quedémonos con las diferencias que ya hemos señalado y sepamos que la pulsión tiene cuatro elementos: la fuente o el origen, que es alguna zona del cuerpo, lo que llamamos *zonas erógenas*; el objeto, que como vimos no es fijo como en el caso del instinto, sino que varía con cada sujeto; el esfuerzo que le impone a la psiquis un trabajo permanente en busca de una finalidad, la satisfacción, que sería el cuarto elemento. Lo cierto es que esa satisfacción no se alcanzará jamás pues, como expresamos, el grado de tensión cero equivaldría a la muerte subjetiva.

A todo aquel que le interese profundizar en el tema, lo remito al texto freudiano «Pulsión y destinos de la pulsión».

Ahora retomemos la cuestión relacionada con el fin de la sexualidad humana que, como dijimos, no es la procreación sino el placer. El sujeto humano no tiene relaciones sexuales porque su naturaleza lo lleva a procrear, sino porque le gusta. Es más, los padres se encargan de terminar con todo el atisbo natural de sus hijos no bien se desarrollan.

Cuando en el adolescente aparecen las poluciones nocturnas, en el caso de los hombres, o la menarca (primera menstruación) en las mujeres, lo cual indica que ya podrían procrear, llega el momento de explicarles cómo vivir la sexualidad sin inconvenientes, de qué manera cuidarse para no contraer enfermedades y evitar el riesgo de que se produzca un embarazo no deseado.

**No hay nada más antinatural que la sexualidad responsable, porque el ser humano es, antes que nada, un producto de la cultura.**

Si siguieran la vía natural, los jóvenes estarían procreando todo el tiempo. Para que esto no suceda, se les explica que deberán vivir su sexualidad de forma sensata sin dejarse arrastrar por la pasión. Los adultos les enseñamos qué es un preservativo y cómo usarlo y acompañamos a las chicas al ginecólogo para que tengan un espacio en el que puedan canalizar sus dudas. ¿Qué les estamos diciendo con todo eso?

Que su meta no es la meta instintiva, que no es un animal, que debería hacerlo por placer y ahorrarse los problemas que conlleva vivirlo según las leyes de la naturaleza. Es decir, le transmitimos que el fin consiste en pasarla bien sin correr riesgos ni cometer descuidos. Con el tiempo, a lo mejor llegará el momento en que esa persona desee tener un hijo, pero es preferible que no sea a los 14 años.

Sabemos que el embarazo adolescente se estudia y se reconoce como un problema social. Porque en la especie humana se da una paradoja: para cumplir con la función de padres, no siempre coinciden la aptitud física con la psíquica.

Por ejemplo, aunque la naturaleza diga lo contrario, está mucho más capacitada para ser madre una mujer de 45 años que una chica de 15. Por eso la ciencia ha desarrollado técnicas para evitarlo en la adolescencia y propiciarlo por métodos asistidos cuando se es adulto.

Es muy complejo manejar esta falta de sincronía entre lo natural y lo humano con respecto al sexo. El hecho de que un joven esté físicamente apto para procrear 15 o veinte años antes de alcanzar la aptitud psíquica, no es un detalle menor. Y también con eso tenemos que lidiar a la hora de vivir la sexualidad.

## Sexo, moral y religión

A lo largo de estos años, he recibido muchas preguntas referidas a la trascendencia que los condicionamientos sociales y religiosos tienen sobre la sexualidad. Recuerdo una conferencia en la que alguien me preguntó directamente: «¿Qué piensa acerca de la prohibición de fornicar? ¿Cómo hacemos para disfrutar del sexo sin culpa con semejante mandato?».

Lo cierto es que la cultura siempre ha intentado mantener al hombre bajo control, y esa prohibición se basa en dos premisas. La primera, que hay en el sexo algo que no está bien, algo malo, y la segunda, que es necesario acotar la sexualidad a lo biológico, a lo *natural*, olvidando el hecho de que el humano es un ser cultural.

Hay religiones que, incluso, prescriben cómo deben tener relaciones sexuales los esposos para evitar que sus cuerpos se rocen, para que no haya besos ni caricias, para que no se miren ni se hablen y solo el pene y la vagina se contacten teniendo como único fin la procreación. Justamente lo contrario a lo que hemos planteado en un pasaje anterior de este libro; la importancia de no reducir la sexualidad a la genitalidad.

Esas prohibiciones y mandatos culpabilizantes intentan abolir lo fundamental de la sexualidad humana: la búsqueda del placer. Porque la idea *madre* es que hay algo de malo en él; como si existiera un cierto miedo al hedonismo. Pero hay que decir que entre alguien que se permite experimentar el disfrute erótico y un hedonista, es decir aquel que hace del placer su máxima de vida, hay un abismo.

Es obvio que el anhelo de tener un hijo puede ser un deseo auténtico y fuerte que incite al encuentro sexual. Pero obsérvese que ese anhelo es de un orden diferente a la búsqueda del placer. Esto es así al punto tal que, cuando una pareja decide tener un hijo, no tiene reparos en hacer pública su decisión, como si no estuvieran hablando de sexualidad. Pueden contar, por ejemplo, que han empezado a buscarlo, y los demás le desearán suerte, hablarán de nombres, padrinos o regalos. En cambio, cuando lo que se está buscando es un mayor placer o la concreción de alguna fantasía, eso queda en el marco íntimo y privado de la pareja.

Entonces, cuando el deseo de paternidad es genuino se convierte en un maravilloso proyecto de vida, en cambio cuando el embarazo no es el fruto de ese deseo, sobreviene la angustia.

El paciente viene conmovido, desorientado y dice que no sabe qué hacer, si tenerlo o no, si utilizar la pastilla del día después o esperar unas semanas, y esta situación puede impactar sobre la pareja de un modo tal que, aquellos que hasta hace unos días fantaseaban con vivir juntos, a veces llegan a renegar del vínculo. ¿Y por qué tanta angustia, tanto nerviosismo si lo que ha ocurrido es un hecho totalmente natural?

Justamente por eso, porque las cuestiones del ser humano y la naturaleza no siempre, es más, sería mejor decir que casi nunca, van de la mano.

## Matrimonio igualitario

Adentrados en esta temática, es válido recordar que hace poco tiempo la sociedad argentina se vio conmovida por un fuerte debate de ideas que tuvo como desenlace la promulgación de la ley de matrimonio igualitario que permite casarse a dos personas del mismo género y les otorga, incluso, el derecho a la adopción.

Con profunda emoción recibí la invitación del Senado para ser uno de los expositores ante la comisión encargada de tratar el tema. Y así fue como, en una fría mañana porteña, me encontré formando parte de la historia argentina en una más de las luchas por los derechos de igualdad ante la ley; de un modo mínimo y modesto, intentando simplemente acercar algún pensamiento que pudiera ayudar a reflexionar a quienes debían decidir sobre una cuestión tan sensible a la comunidad.

La discusión puso sobre el tapete dos ejes sobre los que es necesario reflexionar: la sexualidad y el amor. Y, como en los teoremas matemáticos cuya demostración se hace por «el absurdo», es decir por la negativa, me pareció importante detenerme en los motivos de aquellos que sostenían su oposición a esta ley.

Así encontré que las objeciones se levantaban básicamente a partir de cuatro pilares: la sexualidad natural, algunas cuestiones sociales, una particular idea de salud y, por supuesto, motivos religiosos.

Con relación a la naturalidad de la sexualidad humana, hicimos ya un extenso desarrollo.

En cuanto a las objeciones sociales, es cierto que la homosexualidad implica una elección distinta de la heterosexualidad, pero ser diferente en la elección sexual no implica que deban ser diferentes ante la ley.

Tampoco una persona alta es igual a una baja, un rubio a un moreno, ni un hombre a una mujer. Durante mucho tiempo la sociedad trasladó estas diferencias incluso a los derechos civiles. Así, hasta hace muy poco las mujeres, por ser distintas de los hombres, no eran consideradas capacitadas para votar y, en los Estados Unidos de Norteamérica, por ejemplo, estaba prohibido el matrimonio interracial. El 4 de noviembre de 2008, un hijo fruto de la posibilidad de esa unión fue electo presidente de ese país.

Acotar los derechos de una persona ante la ley basándose en la diferencia solo es concebible cuando hace a una condición de edad, de enfermedad o de conducta. Porque en esos casos la ley protege al sujeto de sí mismo (ya sea porque se trata de un niño o alguien que por algún trastorno no está en condiciones de hacerse cargo de sus decisiones) o a la sociedad frente a personas peligrosas para los demás.

## Objeciones basadas en la salud

La homosexualidad ha debido enfrentar diferentes y tremendos juicios por parte de la cultura en algunos momentos de la historia. Fue considerada primero un delito, luego un pecado o una enfermedad producida por alguna degeneración congénita. De allí el término *degenerados* con el que se les estigmatizaba hace algunos años y, por qué negarlo, con el que muchos lo siguen haciendo aún hoy.

Por suerte, en la mayoría de los países la ley ya no pena la homosexualidad y la Organización Mundial de la Salud (OMS) ha dejado de considerarla una enfermedad para verla como una elección de amor diferente.

Sin embargo, en el transcurso de ese apasionante debate pude escuchar distintas posturas; algunas muy inteligentes y otras basadas en el puro prejuicio.

Algunos legisladores e incluso médicos y psicólogos sostuvieron, fracasando en la ironía y mostrando un desconocimiento que asusta, que si la decisión implicaba otorgar a las diferencias sexuales igualdad ante la ley, debería permitirse la zoofilia (sexo con animales), la necrofilia (sexo con muertos), o la pedofilia (sexo con niños), ya que también son elecciones diferentes que una persona puede hacer.

Hay un hecho irrefutable que quienes sostenían ese argumento parecían no poder comprender: un animal y un muerto no pueden consensuar tener una relación sexual, así como tampoco un niño se encuentra en condiciones madurativas de hacerlo. En cambio, unirse en matrimonio con alguien del mismo género es una elección de dos adultos que, voluntariamente, deciden compartir sus vidas.

**La homosexualidad no es el acto perverso de alguien que somete a otro a padecer algo aberrante. Es la elección de dos personas que se constituyen en sujetos a partir del amor.**

## Objeciones religiosas

Estas objeciones son, sin ninguna duda, las más difíciles de rebatir porque la fe es incuestionable. Toda persona tiene derecho a sostener una creencia bajo las normas religiosas que elija, siempre y cuando no se opongan a la ley del país en el que vive.

Es necesario marcar la diferencia entre la religión y la ley, lo cual no es tan sencillo como parece, ya que en algún momento de la historia la religión fue la encargada, también, de impartir la ley. Así, en Egipto, el faraón era el dios mismo encarnado y conducía además la vida política de su nación. Algo parecido ocurrió en Europa con el avance de las religiones judeocristianas. Pero poco a poco fue marcándose una diferencia entre una institución y la otra.

Toda religión tiene su dogma y desde allí define lo que está bien visto a los ojos de Dios y lo que es pecado. Pertenecer a una religión es, en definitiva, una elección más de un sujeto que, al hacerlo, acepta someterse a ciertas normas.

Por eso la Iglesia puede, desde sus creencias, sostener la decisión de casar solamente a parejas heterosexuales. Es el derecho de esta institución.

Pero una nación no legisla solamente para quienes pertenecen a tal o cual religión sino para todos los habitantes del país; para los que creen en Dios y también para los que no creen. Y lo que en este debate se dirimía era la igualdad ante la ley de los ciudadanos, no de los feligreses.

Me sorprendió, sin embargo, que algunos se hayan apoyado en citas bíblicas textuales para oponerse a la sanción de la ley. Seamos sinceros: a esta altura ya casi nadie sostiene la literalidad de las escrituras.

Vaya como simple ejemplo esta cita que, por supuesto, fue seleccionada por mí:

> No dispone la mujer de su cuerpo, sino el marido (1ª Corintios, capítulo 7).

O esta otra:

> Las mujeres guarden silencio en la asamblea, no les está permitido hablar; en vez de eso, que se muestren sumisas. Si quieren alguna explicación, que pregunten a sus maridos en

casa, porque está feo que hablen mujeres en las asambleas (1ª Corintios, capítulos 11 y 14).

Y esto para no hablar de lapidaciones u otros comentarios acerca de influencias demoniacas que solo mentes fundamentalistas serían capaces de tomar literalmente.

## Las perversiones

En realidad, lo que les costaba aceptar a quienes se oponían a la ley de matrimonio igualitario era que la homosexualidad no es una perversión sino un modo particular de elección amorosa. La perversión es otra cosa; es un tipo de relación en la cual no hay dos sujetos, porque uno de ellos es degradado a la condición de objeto para el goce del otro.

Hay una frase que circula comúnmente y sostiene que siempre un sádico busca un masoquista, o un masoquista a un sádico como complemento. Nada más falaz; esa idea solo se sostiene en el desconocimiento acerca de cómo funciona la psiquis de un perverso. Al sádico no lo excita el dolor del otro, sino su angustia; y el masoquista en su dolor obtiene placer. Entonces ¿por qué un sádico buscaría a un masoquista, si no le dará lo que pretende? Porque lo que él quiere no es pegarle, sino que se angustie; por eso le pega.

Viene a mi memoria un chiste que escuché en los pasillos de la facultad en la época en la que estaba cursando psicopatología: un masoquista se arrodilla y le ruega a un sádico: «por favor, pégame». Y el sádico le responde: «no, no, de ninguna manera».

Ahí sí que vemos cómo obtiene placer un sádico. ¿Cómo iba a pegarle si era lo que el otro estaba deseando y con ello disfrutaba? De ningún modo. Lo que él necesita para excitarse es que se angustie.

Pero la cultura que, como dijimos, se apropia de los términos clínicos, ha hecho de la palabra *perversión* un sinónimo de maldad. Así se dice de alguien en las noticias que se trata de un sádico, un psicópata, un perverso o un psicótico, como si fuera lo mismo. Todas estas, cosas bien diferentes.

Lo cierto es que *la Perversión* es un cuadro clínico con características propias que pueden no tener nada que ver con la maldad ni con infligir dolor a otro. Detengámonos un segundo en el funcionamiento del fetichismo, quizás la más clara de todas las perversiones. Por algo, Freud le dedica un artículo especial.

**El fetichista es alguien que establece una relación con un objeto que actúa como causa y sostén de su deseo.**

Pero, antes de avanzar, me permito una pequeña digresión: casi todos los hombres tienen algo de fetichistas, aunque no lleguen a serlo. Las mujeres, en cambio, no. El fetichismo es una perversión exclusivamente masculina, porque el fetiche viene a reemplazar un objeto que la mujer no tiene, algo que le falta.

Por supuesto que me refiero a una falta imaginaria y no real, porque en la realidad a la mujer no le falta nada, sino que tiene otra cosa. Pero en el inconsciente de algunos hombres la ausencia de pene angustia e inhibe la excitación; entonces, el objeto fetiche cubre esa falta y les permite acceder al disfrute sexual sin problemas. Entonces:

**El fetichismo es una perversión de hombres; a través del fetiche se logra velar aquello que, en apariencia, a la mujer le falta.**

Cuando Lacan acuñó su célebre frase «la mujer no existe», o Freud sostuvo que «no hay un representante psíquico del órgano sexual femenino», lo que quisieron decir en realidad es que el inconsciente registra la presencia o ausencia del pene. A esto lo llamamos, como vimos al hablar de las Teorías Sexuales Infantiles, *la premisa universal del falo.* Y todos sabemos que esto es así. De hecho, cuando los chicos empiezan a preguntar e interesarse por la diferencia anatómica entre hombres y mujeres, se les explica diciéndoles que los niños tienen pene y las niñas no, es decir que ya aparece esto de quien tiene y quien no.

A veces algunos padres intentan ser explícitos y aclaran con todas las letras que los varones tienen pene y las niñas vagina; aun así, la hija les pregunta: «¿Y por qué yo no tengo pene?». Es decir que no escucha que tiene vagina, escucha que no tiene pene, porque el inconsciente funciona de ese modo.

De todos modos, la sexualidad es enigmática no solo para los niños, sino también para los adultos.

Retomando, el fetiche es un objeto que aparece como condición del deseo y la excitación del fetichista. Dijimos que casi todos los hombres son un poco fetichistas. Basta con ver las publicaciones y revistas destinadas al consumo masculino.

¿Qué vemos allí?

Mujeres que aparentan estar desnudas, pero no lo están. Puede que no tengan ropa, pero estarán sentadas sobre una moto, o con un par botas, o con lentes, no importa el detalle, pero de seguro habrá alguno. Porque la imagen de una mujer totalmente desnuda serviría mejor para instruir durante una clase de biología que para despertar el erotismo. Algo debe tener esa figura si pretende generar excitación, aunque no sea más que un bolígrafo en la boca. ¿Por qué? Porque aparece el fetiche tapando una cierta falta y produciendo un estímulo en ese hombre que mira sin saber muy bien qué ve.

Como dijo Marco Valerio Marcial: «Para mí… ninguna mujer se acuesta lo suficientemente desnuda».

Y esto es algo que las mujeres saben muy bien. Por eso, cuando han decidido concretar con alguien, se preparan. Eligen con mucho cuidado su ropa interior y despliegan una serie de actos dedicados a producir el impacto erótico.

En cambio, los hombres carecen de esas conductas fetichizantes porque saben, con ese saber no sabido, que ellas no lo necesitan. ¿Cuántos hombres conocen que antes de salir con una mujer vayan a comprarse ropa íntima?

Entonces, si todos los hombres disfrutan de una cierta fetichización, ¿cuál es la diferencia entre el fetichista, en tanto que perverso, y ese deleite que de todos modos produce la mujer «preparada» para el encuentro sexual?

La diferencia está dada por el valor de condición erótica que tiene el fetiche. La mayoría de los hombres pueden disfrutar del hecho de que su amante lleve puesto, por ejemplo, un liguero. Pero si el objeto no está, lo mismo da. En cambio, el fetichista, en ausencia del liguero no podría concretar el encuentro. En un caso es un elemento más del juego sexual y en el otro una necesidad que sostiene el deseo y evita la angustia.

Hasta tal punto el fetichista necesita de ese objeto que, para evitar que falte, suele llevarlo y pedirle a su amante que lo use.

Recuerdo *Casanova*, una película italiana dirigida por Federico Fellini y protagonizada por Donald Sutherland. El film cuenta las aventuras de Giacomo Casanova en los años de su juventud. En varias escenas se ve cómo el ilustre amante utilizaba un pájaro metálico, de cuerda, montado sobre un pene erecto, que subía y bajaba al compás de una música horrorosa. Giacomo lo encendía al empezar el encuentro sexual, que terminaba justamente cuando el movimiento del pájaro se detenía. He ahí un buen ejemplo de fetichismo.

Como vemos, el concepto clínico de Perversión no siempre va de la mano de la idea de maldad; el fetichista no lastima a su *partenaire*. Si ella quiere usará el liguero, si no, él no podrá concretar el acto, pero no la lastimará más que en su autoestima. Y esa inseguridad ya no es culpa del fetichista.

## A todos nos falta algo

Así como los hombres, las mujeres también exigen cosas para erotizarse, pero no son del mismo orden del fetiche. Son rasgos que le dan a su amante un brillo que lo vuelve atractivo. Tienen que ver con aquello que los analistas llamamos *valor fálico*, y ellas deben encontrarlo en alguien para excitarse. Nadie está completo y no debemos creer que el hombre no está en falta. Por el contrario, lo está tanto como la mujer; de allí que también requiera de ciertos elementos que lo vuelvan atractivo. Sin embargo, esos elementos no tienen, como el fetiche, la función de sostener la posibilidad erótica y evitar que surja la angustia.

En ese sentido, puede ser que el poder o la inteligencia seduzcan a algunas mujeres, pero seguramente su falta no va a angustiarlas.

Ahora, si damos por válida esta idea de que a todos nos falta algo, debemos preguntarnos entonces ¿qué es lo que nos falta?

Ya hemos respondido a esa pregunta: nos falta el instinto. Somos seres sociales, sujetos de la palabra y el deseo. Y eso que nos falta nos pone en un lugar de desconocimiento.

Por eso, ante una desgracia, por ejemplo, nos preguntamos: «¿Y ahora qué hago? Me enteré de que mi padre tiene cáncer, ¿cómo se sigue? ¿Se lo tengo que decir o no? ¿Cómo debo comportarme para que no se dé cuenta? ¿Cómo hago para sobrellevarlo? ¿Se va a morir?». Nos preguntamos cómo y por qué, pues no tenemos un instinto que nos dé respuestas.

Volviendo a la primacía universal del falo, el tener o no tener siempre es un «como si». De allí que las personas puedan proyectar este valor fálico, este tener o no tener, en distintas cosas; y habrá mujeres que se sentirán atraídas por deportistas o intelectuales, otras por la belleza o la inteligencia, en tanto algunas se verán seducidas frente una actitud más tierna o más erótica.

Pero este desplazamiento hacia uno u otro lugar ¿es voluntario? No. ¿Es casual? Tampoco.

**Siempre hay cuestiones inconscientes que se ponen en juego detrás de lo que parece una libre elección.**

Cosas que tienen que ver con la historia, los miedos y la estructura de cada persona en particular. Rasgos que reencontramos en el presente, pero que nos habitan desde siempre.

Por eso es importante analizarse, para poder asumir el deseo y respetarlo; para diferenciar incluso cuando se trata de un deseo verdadero o se mezcla algo de ese impulso destructivo que todos llevamos dentro (Goce). Un buen análisis permitirá que el sujeto reconozca si en las elecciones que toma se está jugando el dolor y la seducción del padecimiento. En cuyo caso, esa elección es enferma.

**La sexualidad es un enigma, y los comportamientos presentes de un sujeto tienen su origen en el inicio mismo de su historia. En esa etapa fundamental que llamamos Complejo de Edipo.**

El saber popular cree, erróneamente, que el Complejo de Edipo no implica la preferencia de la mamá por el varón y el papá por la mujer. Esto no es así. Entonces ¿qué es el Edipo?

Como sostiene el doctor Juan David Nasio:

> El complejo de Edipo no es una historia de amor y odio entre padres e hijos, es una historia de sexo, no involucra sentimientos tiernos u hostiles, sino que es un asunto de cuerpos, de deseos, de fantasías y de placer. El Edipo es una inmensa desmesura, es un deseo sexual propio de un adulto vivido en la cabecita y el cuerpo de un niño o una niña de cuatro años que no tiene la maduración ni psíquica ni física para asumirlo y cuyo objeto son los padres.

Es decir que el Edipo es una historia de sexo entre padres e hijos, donde tanto unos como otros se ven involucrados de un modo fuerte; historia que condicionará nuestras elecciones futuras y nuestro modo de desear. Ese es uno de los grandes inconvenientes de la sexualidad: se inicia, justamente, con las personas con las que después no se podrá tener sexo.

Porque los primeros en tocar y erogenizar el cuerpo de un chico son sus padres. Lo hacen cuando lo bañan, lo miman o lo cuidan. El gran desafío será, entonces, constituirnos en sujetos deseantes a pesar de que no haya un saber posible sobre el tema y que el punto de partida haya estado cargado de deseos prohibidos.

## SEXTO ENCUENTRO

# ACERCA DEL AMOR Y DEL DESEO

*El estilo del deseo es la eternidad.*

Jorge Luis Borges

## Los tres condicionamientos de todo ser humano

Resulta ineludible, en un libro que centra su recorrido alrededor del amor, introducir la temática del deseo. Y creo que estamos ya en condiciones de hacerlo, dado que hay conceptos que hemos venido desarrollando y en los que podremos apoyarnos sin que suenen a premisas caprichosas.

Entonces, emprendamos ese camino recordando que en el hombre ya casi nada queda de su condición de «animal biológico» y no existe en nosotros lo que se llama Instinto, esa fuerza que impulsa a todos los miembros de una especie a tener la misma reacción frente a situaciones idénticas.

Todos hemos leído una publicación o visto un programa televisivo en el que se muestra cómo algunos animales viajan cientos o miles de kilómetros para procrear, invernar o morir. Este comportamiento masivo no es en lo más mínimo fruto de la reflexión o un acuerdo entre los miembros del grupo, sino que cada ejemplar siente el impulso a hacerlo como un mandato que corre por su sangre.

Nada de esto ocurre en el ser humano, porque cada sujeto es único y sus reacciones no tienen que ver con su pertenencia a la especie, sino con la combinación de tres factores distintos cuya interrelación irá formando la base de su personalidad: la herencia, la historia personal y la cultura en la que vive.

La herencia, que no es solo genética sino también discursiva, pone en juego muchos de los factores que forman parte de una persona: su estatura, el color de sus ojos o, ¿por qué no?, la tendencia a sufrir ciertas enfermedades.

Los padres que tuvo, las vivencias infantiles, su paso por el colegio, la existencia de momentos traumáticos acontecidos, sobre todo en los primeros años, el paso por la adolescencia y el comienzo de la vida sexual serán hechos fundamentales en la construcción de su identidad.

¿Cómo ha sido todo esto? ¿Ha recibido aliento y contención por parte de su familia o, por el contrario, fue atravesado por discursos frustrantes que pudieran haberlo dejado preso de una sensación de soledad e indefensión frente al mundo?

En este punto se definirá la subjetividad característica de cada hombre, su identidad sexual y su manera particular de disfrutar, sufrir o encarar los acontecimientos de su vida.

## Existimos mucho antes de nacer

En su libro *El psicoanálisis ilustrado*, Jorge Bekerman escribe:

> Usted mismo fue, muchos años antes de existir como realidad objetiva en el mundo, mucho antes de berrear y ensuciar pañales (y por supuesto mucho antes de comprar y leer libros) un sueño en la cabeza de la niña que fue su

madre. Y puede dar por cierto que la manera en que usted existió como ente abstracto en la imaginación de la niña que fue su madre es mucho más decisiva para su destino que lo que usted se esfuerza cotidianamente por construir para su vida.

¿Qué es lo que Bekerman está diciendo con esto? Que cuando una persona nace, ya la está esperando un mundo hecho de palabras y deseos que no le pertenecen. Hay un Significante, por ejemplo, que lo antecede y otros han elegido para él: el nombre, ni más ni menos que la palabra que lo identificará durante toda su vida.

La elección de ese nombre no es algo casual ni azaroso, sino que en ella se ponen en juego los deseos y anhelos que los padres vuelcan, consciente e inconscientemente, en ese hijo que llega al mundo.

No es lo mismo llevar el nombre del papá, el abuelo, o uno que haya sido elegido por su sentido. El nombre nos obliga a hacernos cargo de algo que se espera de nosotros desde antes de nacer.

Van Gogh, por ejemplo, llevaba el de un hermano muerto: Vincent. Es evidente cuánto sufrió y cómo lo atravesó el hecho de haber llegado al mundo para tapar una ausencia y ocupar ese lugar que lo ligó fatalmente a la muerte.

Todos sabemos que fue un pintor magnífico al que desgraciadamente no le alcanzó su arte para contrarrestar el peso de ese nombre y el sitio al que lo convocaba. Jamás fue feliz, se mutiló y terminó suicidándose.

Pero no es solo el nombre lo que nos está esperando cuando nacemos. Es probable que muchos años atrás, por ejemplo, en un pacto de adolescencia realizado en el patio de la escuela, nuestra madre haya acordado con su mejor amiga de entonces que ella sería la madrina de su primer hijo. Es decir, que veinte años antes de nuestro nacimiento, ya teníamos una madrina.

A todo eso y mucho más debe hacer frente el «cachorro humano» en el arduo camino que lo conducirá a ser un sujeto (en tanto que sujetado al deseo y la palabra). Pero, ¿cómo es que adviene a este mundo?

## El primer llanto

A poco de nacer, ese bebé que mientras estaba en la panza de su madre no sintió nunca la necesidad de comer o beber, comienza a experimentar una sensación que desconoce y le genera una ansiedad creciente. No sabe qué es ni cómo se resuelve eso que le está ocurriendo.

Cuando la tensión es tanta que comienza a ser displacentera, el bebé tiene la necesidad de descargarla (Principio de Placer) y lo hace de la única manera que puede: llorando.

Ese primer llanto no significa nada aún, no se dirige a nadie y no es más que un mecanismo de descarga de la ansiedad acumulada.

Pero ocurre que su grito es escuchado por alguien, generalmente la madre, quien lo codifica y determina: «tiene hambre». Entonces lo toma, lo alza, lo guía para que pueda alimentarse de su pecho y de ese modo lo calma. Y en ese primer acto la madre ya le ha enseñado a su bebé muchas cosas: que la molestia que sentía puede calmarse, que para que esto suceda necesita de la ayuda de alguien externo y que, para que ese alguien acuda, debe llamarlo. De ahora y para siempre, aprenderá que todo lo que quiera va a tener que pedirlo. A partir de entonces ese llanto, que en su momento dijimos no significaba nada, adquiere un sentido.

Pero puede ser que unas horas después el bebé vuelva a llorar y esta vez la mamá codifique ese llanto de un modo diferente: «Ahora no tiene hambre, tiene sueño». Lo tomará en sus brazos y lo acunará hasta hacerlo dormir.

De este modo, de a poco, la madre irá introduciendo a su hijo en el mundo de la palabra, lo adiestrará en el arte de la comunicación instruyéndolo acerca de cómo se llora cuando se tiene hambre y de qué manera cuando se tiene sueño. Le irá enseñando con juegos y caricias que ese es su cuerpo, que le pertenece y que tiene que aprender a reconocerse en él. Por eso lo toca y nombra cada una de sus partes; para que después el hijo pueda hacer lo propio. Y así, cuando el chico empieza a aprenderlo, experimenta una sensación de orgullo y alegría. La madre espera ansiosa la llegada del papá y le pregunta al niño: «¿Dónde está la boca?», y el hijo lleva su dedo indicando que ha unido la palabra con el cuerpo. Con este simple logro, el chico ha dado un paso más en el arduo camino que lo llevará a ser él mismo.

Vivir en un mundo de palabras es comprender que todo lo que queramos lo vamos a tener que pedir; no hay otra manera de obtener lo que se anhela que no sea a través del lenguaje. Por eso, si una persona no comprende esto y toma lo que quiere sin pedirlo, la sociedad lo castiga.

Pongamos un ejemplo.

Cuando alguien despierta nuestro deseo comienza el maravilloso camino de la seducción, que no es más que otra de las maneras de pedir. Nos encontramos a tomar un café, salimos a cenar o al cine, nos vamos conociendo e intentamos que se genere en el otro el mismo interés por estar con nosotros. Si esto se produce podremos estar juntos, de lo contrario, la posibilidad se verá frustrada.

De esta manera buscamos alcanzar la satisfacción del deseo porque, como dijo André Breton: «Las palabras hacen al amor». No se trata de que las palabras tengan que ver con el amor, sino que lo *hacen*, lo originan y lo constituyen.

Imaginemos a un hombre que no mediatice sus deseos a través del pedido y directamente tome lo que quiera. En ese caso, lo que podría haber sido una unión amorosa se transforma en una tragedia.

Ese sujeto ha descubierto que una mujer le gusta, que la desea, pero en lugar de seducirla, la espera en una esquina y la agarra por la fuerza sin tener en cuenta lo que a ella le pasa, sin importarle si quiere o no quiere; no respeta su voluntad y, por ende, la degrada a la condición de objeto y la trata como tal. Simplemente la toma porque ese es su impulso.

Un acto como este horroriza y a quien lo lleva a cabo, lo tildamos de animal o bestia. Es decir que, por su comportamiento, la sociedad deja de reconocerlo como un miembro perteneciente a la especie humana. ¿Por qué? Porque no entendió que la palabra es el único medio genuino para conseguir lo que se desea.

El lenguaje es, entonces, aquello que nos hace seres diferentes del resto de las especies; nos obliga a hablar, convencer, pedir, acordar y ceder para relacionarnos con los demás. Su existencia echa por tierra los llamados del instinto que impulsan a tomar sin más lo que satisface la necesidad.

Sin embargo, también la palabra tiene un límite y nadie puede decir todo lo que quiere. Siempre habrá algo imposible de ser dicho, algo que se pierde en la comunicación y que, por ende, resulta inasible. Y eso que no puede articularse por medio de las palabras, eso que no sabemos cómo pedir, dejará un resto de insatisfacción.

**El fruto de la insatisfacción propicia el surgimiento del deseo. Un deseo que en parte tiene que ver con lo que decimos, pero también con lo que no podemos decir.**

Volvamos al instante mítico del primer llanto. Dijimos que, sin saber ni esperar nada, el bebé se encuentra con que su ansiedad fue calmada y su necesidad satisfecha por algo externo. Esto lo sorprende y le da una satisfacción plena... por única vez.

Ahora que sabe de la existencia de su madre, de su pecho que lo alimenta y sus brazos que lo acarician, el niño ya ha entrado al mundo del deseo. Cada vez que vuelva a sentir hambre, sueño o miedo, querrá que su mamá aparezca, se haga cargo de sus demandas, y lo apacigüe. Esta es la experiencia que da origen al amor.

A partir de entonces, cuando le surja alguna necesidad, esperará que acuda aquello que lo calma e irá fantaseando el momento de la satisfacción. Y este detalle es fundamental, porque la espera lo introduce al mundo del deseo. Sin embargo:

**Siempre habrá una diferencia entre lo que el chico anhela y lo que efectivamente encuentra, lo cual deja un resto de insatisfacción que será el motor permanente del deseo humano.**

Este modelo infantil se irá trasladando con los años a todas y cada una de nuestras vivencias.

## El deseo de reconocimiento

Llegar a ser uno mismo no es tarea fácil. Por el contrario, es la consecuencia de un complejo recorrido. Al no poder saciar solo sus necesidades y habiendo comprendido que la satisfacción de sus deseos depende de los demás, el niño busca agradar a aquellos que necesita para que lo cuiden, lo alimenten, lo vistan o lo bañen. Funciones que, generalmente, son desempeñadas por los padres.

Este deseo de ser reconocido y querido por ellos lo lleva a hacer todo lo que puede para convertirse en lo que cree que esperan de él. Pero ¿cómo sabe lo que los demás pretenden que sea? En realidad, no lo sabe, pero lo irá deduciendo a partir del discurso y las actitudes que va decodificando en su comunicación cotidiana con los demás.

A veces de un modo consciente y muchas otras de manera inconsciente, los padres marcan un camino a seguir. Con el simple hecho de regalarle al nacer una camiseta del equipo de futbol con el que simpatiza, el padre le está indicando que tiene que ser aficionado de ese equipo. Y muchas veces no hay otra explicación para serlo. «Le voy a este equipo porque mi papá también». Se identifica con un deseo del padre e intenta cumplirlo.

Al ser tomado por una psiquis en formación, cada acto, cada palabra, puede funcionar como un mandato a obedecer. Este es el punto en el cual me gustaría detenerme.

Cierta vez, mientras esperaba ser atendido en un negocio, escuché que una madre le decía a su hijo: «Ves que no sirves para nada».

Una frase como esta, si es tomada al pie de la letra como una sentencia, puede convertirse en un camino a seguir y llevar a un sujeto a la búsqueda inconsciente de un destino doloroso.

Retomo para ejemplificar dichos de una paciente que analizamos en capítulos anteriores: «Yo no sé por qué siempre me engancho con tipos casados si ya sé que más tarde o más temprano voy a terminar sufriendo».

Esa frase, deslizada como al pasar, se convirtió en el hilo de Ariadna que le permitió salir del laberinto emocional en el cual quedaba encerrada inexorablemente. Dedicamos muchas sesiones a interpretar lo que realmente quería decir con esto y hacia dónde nos llevaba.

Hasta que un día trajo el recuerdo de que su madre, como la señora del comercio, cuando ella era niña solía decirle: «Te vas a quedar sola porque no sirves para nada».

Este comentario había tomado para ella la fuerza de una ley, y así llegó a la conclusión de que eso era lo que la madre esperaba de ella: que no sirviera para nada y se quedara sola para siempre. Por eso, intentando cumplir con el mandato, buscaba todo el tiempo ese tipo de relaciones, ya que no se sentía digna de amor y respeto. ¿Por qué? Porque ella tenía el deber de «no servir para nada» y construir una relación en la que fuera feliz la hubiera llevado a incumplir ese deseo materno. Creía, además, que no tenía nada para dar y por ello sintió siempre que no era merecedora de ocupar un lugar importante en la vida de un hombre.

Alguno podrá pensar que este ejemplo es demasiado extremo, pero les aseguro que no. Hay muchas maneras de manifestarle a un chico «que no sirve para nada». Piensen qué le están transmitiendo cuando, al ver que hace algo mal, le dicen: «deja, lo hago yo». Es posible que la madre de mi paciente no fuera tan mala como aparece en su discurso, aunque ella la registrara de esta manera. No olvidemos que una cosa es la realidad y otra, muy distinta, es la realidad psíquica.

## Los mandatos

En la época en que estudiaba la técnica de la hipnosis junto al doctor Breuer, Sigmund Freud tuvo una revelación magistral. Observó que en una de esas experiencias al hipnotizado se le daban indicaciones que debería cumplir cuando saliera de ese estado con la prescripción de no recordarlas. Así, por ejemplo, se le ordenaba que al despertar pidiera un vaso de agua sin recordar esta orden. Para asombro de los presentes, la persona al *despertar* del trance pedía un vaso de agua y al preguntársele por qué lo había hecho respondía que simplemente había tenido la necesidad de hacerlo. Es decir que estaba obedeciendo una consigna que había sido expulsada de su conciencia, pero aun así, no perdía su eficacia.

Freud se preguntó, entonces, si estas órdenes inconscientes no podrían producirse en situaciones cotidianas. Si no era posible que muchas de las cosas que una persona hace fueran la consecuencia de órdenes que recibió en algún momento de su vida y, a pesar de no recordar, no puede dejar de cumplir.

La práctica clínica le demostró que su hipótesis era cierta. Comprobó, como lo hacemos los analistas hoy en día con nuestros pacientes, que:

**Todos llevamos algún mandato que inconscientemente empuja nuestros pasos por caminos de dolor.**

¿Qué es un mandato?

Un *mandato* es una palabra, un gesto o un acto de otro que incorporamos y al que, sin saberlo, le damos el poder de guiar nuestras vidas. Los mandatos nos constituyen porque nos identificamos con ellos y los incorporamos hasta hacerlos algo propio. Desde allí nos indican cómo debemos ser para satisfacer deseos ajenos y, de esa manera, señalan un rumbo a seguir.

Pero a pesar de esto, que resulta inevitable, cabe decir que no todos los mandatos son negativos. Por el contrario, muchísimas veces estimulan y son posibilitadores de futuros logros. Cuando los padres nos transmiten que tenemos derecho a buscar lo que deseamos sin exigirnos el éxito como única fuente de placer, que podemos fracasar en el intento sin que eso implique que somos inservibles, incorporamos mandatos que son propiciadores y no frustrantes.

Recuerdo que hace muchos años vi la película *Y mañana serán hombres*.

Cuenta la historia de unos chicos que estaban encerrados en un reformatorio y habían sido alojados allí «porque no servían para nada». Se les decía que estarían hasta que fueran mayores de edad, y que al salir seguramente cometerían nuevos delitos y terminarían sus días en una cárcel, porque ese era su destino.

Ocurre que llega a la institución un nuevo director que no sostiene ese discurso; él no cree que sea cierto que esos chicos no sirvan para nada, comienza a estimularlos y establece con ellos un vínculo diferente, atravesado por el respeto y el aliento. En contraposición con los dichos anteriores, los estimula a prepararse para cuando salgan, les pregunta qué es lo que quieren ser, cuál es su deseo y los incentiva a recorrer el camino hacia allí. Pero, sobre todo, les transmite la idea de que confía en ellos.

Cierto día se presenta en su despacho un chico al que apodaban el Gallo. Este muchacho era reconocido por ser el más rebelde, el de peor carácter, el líder violento del grupo e incluso había tratado de escapar del reformatorio en varias ocasiones.

En esa escena, el Gallo mira al director y el diálogo es más o menos el siguiente:

—Señor, usted siempre nos dice que confía en nosotros. Pero ¿en verdad confía en mí?

El hombre lo mira sin entender bien a qué viene todo esto y le responde que sí.

—Entonces yo quiero pedirle un favor —dice el joven—. Necesito que me deje salir de aquí un día.

El director le explica que eso es imposible, que está prohibido y además él ha intentado escapar varias veces, lo cual vuelve su solicitud aún más difícil de complacer. Además, le pregunta por qué le pide algo que sabe que no es lícito hacer. El Gallo responde que su madre está muriendo y le gustaría acompañarla para que ella pueda verlo antes de partir.

El hombre se ve en una encrucijada de la que sale apostando a la confianza. Acepta el pedido del chico con la condición de que al día siguiente vuelva con el primer tren que llega al pueblo. Le ruega que cumpla con su palabra, que no lo defraude, porque si lo hace les estaría dando la razón a quienes decían que no se podía confiar en ellos.

El Gallo se va. A la mañana siguiente, a la hora pautada, el joven no ha llegado al reformatorio y el director envía a su asistente a la estación de tren para ver qué ocurrió. A los minutos el hombre regresa con la información de que ese día, en el primer tren de la mañana, no vino nadie.

Apesadumbrado, el director se dirige a su cuarto y prepara la valija y su renuncia. Enterados de esto, los chicos le piden que no lo haga:

—Señor —le suplican— no se vaya. Porque si usted se va nos van a mandar a otro como los de antes... esos que piensan que no servimos para nada. Por favor, no nos deje.

Pero él les responde que jamás les ha mentido, que siempre confió en ellos y ahora no sabe si podrá volver a hacerlo.

Mientras hablan, se escuchan los gritos del asistente que lo llama desde la puerta de entrada. El hombre se dirige rápidamente hacia allí y al llegar ve al Gallo llegar corriendo, como alma que lleva el diablo, por el camino de tierra que lleva al pueblo. Cuando está frente a él, el joven cae de rodillas extenuado y con lágrimas en los ojos le dice:

—Señor, perdóneme. Yo quería cumplir, pero mi madre tardó un poco más en morir y no pude dejarla sola. Cuando llegué a la estación el tren ya se había ido. Corrí lo más rápido que pude, pero aun así no llegué a tiempo. Sé que le fallé, pero por favor, no se vaya, no nos deje.

El director, conmovido, lo toma de los hombros, lo ayuda a levantarse y lo abraza. Y el chico duro y rebelde llora. Llora por la madre que ha muerto, pero también por gratitud. Gratitud por ese hombre que con su confianza le ha abierto la puerta de un destino diferente, y cambió un mandato siniestro que lo condenaba a la marginalidad y el delito por otro que le habilitó un camino a lo largo del cual podía llegar a ser alguien de quien él mismo se sienta orgulloso.

La palabra posibilita la educación, la transmisión del afecto y la comunicación, y eso es algo maravilloso. Sin embargo, en determinadas situaciones, puede volverse un arma fatal. Por eso debemos tener cuidado con lo que decimos y no olvidar que, para la mente de un niño, frases que en la vida adulta no tienen ningún valor pueden adquirir una significación que marque su destino para siempre.

Un querido paciente viene trabajando desde hace años para resolver una encrucijada angustiosa. Su madre recibía a sus amantes cuando el esposo iba a trabajar y, para justificarse, decía que un solo hombre no bastaba para satisfacer la sexualidad de una mujer. Su padre, enterado de esto, pero imposibilitado de actuar, le manifestaba a su vez que no podía confiarse en las mujeres y que toda relación estaba condenada a la traición.

Engaño, infidelidad, desconfianza e impotencia son las palabras que lo habitan desde su niñez, y de las que no pudo escapar por mucho tiempo. Ha repetido estos códigos en cada una de sus relaciones y recién hace un tiempo, luego de mucho trabajar, se está permitiendo confiar en la posibilidad de un vínculo que desestime esos mandatos siniestros.

## La influencia de la cultura

Dijimos que eran tres los factores que influían sobre la psiquis de una persona. Hablamos ya de la herencia y de la historia.

En cuanto a lo social, esbocemos apenas la idea de que la realidad en la que vivimos nos impacta y debemos vérnosla con ella. No es lo mismo vivir en una época histórica que en otra, en una cultura que en otra o, incluso, en una clase social que en otra. No son iguales las dificultades y los estímulos que alguien recibe, a favor o en contra, y que lo llevan a desarrollar sus aptitudes y mecanismos de defensa.

Desconocer esto es caer en un psicologismo que lo único que hace es dificultar la comprensión de lo que nos pasa.

Por ejemplo, el auge de las redes sociales ha generado una manera diferente de comunicación y, en la actualidad, muchas parejas se han formado luego de haberse conocido por internet.

Esta modalidad puede resultar un camino posible en ciertos casos. Por ejemplo, para una persona tímida, será más sencillo ir construyendo un vínculo de a poco, chateando y sin tener que exponerse de un modo franco desde el comienzo. Sin embargo, las redes generan un posible engaño: creer que se conoce a alguien de quien solo se sabe aquello que aparece en su perfil.

Es necesario, entonces, aprender a utilizar los elementos que nos brinda la cultura en la cual nos toca vivir, pero estar atentos a no caer en los aspectos patológicos que pudiera generarnos. Por mucho que lo indique Facebook, es muy poco probable que alguien tenga treinta mil amigos.

## La importancia de la insatisfacción (o un camino seguro hacia la depresión)

Esbozamos ya la idea de que el ser humano, por carecer de instinto, carece también de la posibilidad de encontrar la satisfacción plena. Pero lejos de lo que pudiera pensarse, esto no es una desventaja. Por el contrario, esa falta instintiva pone de manifiesto que es necesaria una preparación, una construcción permanente y laboriosa durante toda la vida para asumir los distintos roles que nos esperan: hijo, amigo, pareja, empleado, jefe o madre. Todos y cada uno de los lugares a los que podamos vernos convocados deben ser construidos, pues el ser humano no es un ser natural sino social.

Entonces, aparece una pregunta inquietante: ¿no nos deja esta carencia instintiva sin un arma fundamental, esa que impulsa a los animales a cazar, invernar, hacer largos recorridos para desovar o construir nidos?

La respuesta es que, ante la falta de instinto, los seres humanos hemos desarrollado algo mucho más imponente: el Deseo. Esa fuerza que permanentemente nos impulsa a hacer cosas, armar proyectos laborales, estudiar o viajar. El deseo que, por ejemplo, toma la forma de la búsqueda del amor, del conocimiento o de la realización de los sueños personales. Y cuan perniciosa es su ausencia.

El término *depresión*, tan usado en estos tiempos, se refiere a una enfermedad cuya característica es la desaparición del deseo.

**En el momento de la depresión, el sujeto se encuentra incapacitado para armar proyectos y queda cara a cara con la muerte. La angustia lo toma y lo deja impotente.**

Pero no es necesario llegar a ese extremo para que alguien sienta su vida ensombrecida. Por ejemplo, la pérdida del trabajo o la pareja, en ocasiones generan un dolor tal que desaparece el interés por las cosas del mundo externo. Toda la energía psíquica es derivada al difícil trabajo de duelar lo que se ha ido. Entonces, aquello que lo entusiasmaba pierde su atractivo y dice sentirse «sin ánimo de nada». Circunstancias como estas ponen a prueba la capacidad que tiene de seguir deseando; algo íntimamente ligado a la sanidad.

Porque es el deseo, ese algo siempre insatisfecho, aquello que nos impulsa a sobreponernos a las dificultades y nos insta a buscar nuevos horizontes, volver a empezar a pesar de los tropiezos e intentarlo siempre una vez más.

Llegados a este punto, es necesaria una aclaración fundamental: decir que el deseo es siempre insatisfecho no implica que alguien no pueda disfrutar de los logros alcanzados. Solo significa que nadie consigue tenerlo todo y que aún podemos alcanzar un objetivo más.

**Este es el desafío de la vida: luchar por conseguir aquello que se anhela, disfrutar de lo obtenido y comprender que siempre existe la posibilidad de inventarse un nuevo sueño por el que valga la pena seguir viviendo.**

Remito al lector a la película *El náufrago*, protagonizada por Tom Hanks (Chuck Noland), Helen Hunt (Kelly Frears) y dirigida por Robert Zemeckis.

Chuck es un analista de sistemas obsesionado por optimizar el tiempo de producción, que trabaja para una famosa empresa de correo. Se trata de un hombre que no está en contacto con la naturaleza ni se encuentra capacitado para sobrevivir en condiciones límites. En el film, a causa de un accidente aéreo, queda solo en una isla desierta y debe enfrentar enormes desafíos.

Conseguir alimento, agua potable, hacer fuego, encontrar un refugio en el que guarecerse y, sobre todo, el esfuerzo de no convertirse en un animal, de seguir siendo un sujeto humano.

Para lograrlo, Chuck apela de modo inconsciente a dos estrategias. La primera es colocar la foto de Kelly, la mujer que ama, al alcance de su vista. El Deseo de volver a verla será el incentivo que lo impulsará a no darse por vencido nunca, por difícil que parezca. La segunda es humanizar un objeto, en este caso una pelota de voleibol, a la que bautiza con el nombre de su marca: Wilson. Le dibuja ojos, nariz, boca y con ella habla todo el tiempo para no olvidarse de que es, antes que nada, un sujeto del lenguaje.

De ese modo, garantiza que el deseo y la palabra lo acompañen todo el tiempo y lo muevan a intentar volver a su mundo, a pesar de los riesgos y de las dificultades que parecen infranqueables.

Recomiendo una visita por esta historia. Algunos la han tratado solamente como si fuera una película taquillera; la tonta historia de un hombre que le habla a una pelota. Sin embargo, si la analizamos con detenimiento, vamos a darnos cuenta de que apunta a un hecho fundamental:

**Siempre existe la posibilidad de afrontar un desafío más, en tanto sigamos siendo sujetos de la palabra y el deseo.**

## Amor y erotismo

Hay quienes piensan que el amor y el erotismo son inseparables, hasta una misma cosa. Por el contrario, van por caminos tan distintos que muchas veces pueden llegar a desplazarse en direcciones contrarias.

Postulamos que para que el amor surgiera era inevitable la presencia de una cierta idealización de la persona amada. Como decía aquel paciente al que nos referimos al hablar de los Actos Fallidos, Mariano, su mujer y su amante eran «*dos cosas* diferentes».

A Débora, su esposa, la describió como el ser más puro que había sobre la Tierra, una persona extraordinaria, una madre increíble, la mejor compañera que un hombre podría haber encontrado. En el juicio que hace sobre ella vemos claramente cómo funciona el mecanismo de la idealización. En su discurso, Débora no aparece como una mujer, sino como alguien superior. Y por eso la ama.

Le pregunté, entonces, qué pensaba acerca de su amante, Valentina. Mariano cambió el gesto, la voz, incluso la postura y respondió que en la cama le podía pedir cualquier cosa porque era una máquina; que sus pechos, sus caderas, sus labios, le resultaban irresistibles y delataban cuánto le gustaba el sexo.

Reparemos la diferencia en el modo en que se refiere a una y otra. Su esposa era una *mujer* pura, una *madre* increíble, la mejor *persona* del mundo. En cambio, su amante era una *máquina*, y sus *labios*, sus *pechos*, sus *caderas* la delataban como un puro objeto sexual.

Llamo la atención sobre esto: cuando habla de su esposa, se refiere a ella como una mujer totalizada, una madre, una persona; en cambio, cuando lo hace de su amante la degrada, la divide en partes. No se trata de una mujer, sino de unas caderas o unos pechos, no es una madre o una compañera, es una máquina.

Lo que Mariano hace, no es más que dejar en evidencia la disparidad entre los mecanismos con los que funcionan el amor y el deseo.

Dijimos que el primero requiere de una cierta idealización; el otro, en cambio, necesita degradar para generar erotismo. Exige que no se trate de una persona sino de unos pechos, que no sea una buena compañera sino una máquina sexual. ¿Cuántas veces, refiriéndose a la mujer que lo excita, alguien dice que es «una bestia», o «una perra»?

Observen cómo incluso el discurso cotidiano delata este funcionamiento.

De hecho, sostener el amor y el deseo, es decir, idealizar y degradar a la misma persona según sea el momento, es uno de los mayores desafíos que enfrenta una pareja. Recuerdo a un paciente que después de treinta años de casado no solo continuaba enamorado de su esposa, sino que además la deseaba muchísimo. Sentía que estaba con la mujer de su vida, pero al mirarla podía también ver sus pechos, sus caderas o su boca y excitarse.

Sin embargo, tenía una dificultad: ella no se dejaba degradar y se resistía a ser tratada como un objeto sexual. Le ocurría, entonces, que cuando se acercaba por detrás, la abrazaba y comenzaba a tocarla, la mujer se enojaba y protestaba diciendo que no era una cualquiera sino su esposa y necesitaba que la acariciara suavemente, la mirara y le dijera que la amaba antes de hacer el amor. Y él manifestaba que mientras hacía todo eso que ella pedía, se deserotizaba. ¿Por qué? Porque volvía tierna una situación que debía ser sexual, y en esa ternura, se diluía su deseo.

## ¿Se puede desear a otra persona aun estando enamorado? (sí)

Aunque hiera un ideal romántico, la respuesta a esta pregunta es sí. Como acabamos de ver, los mecanismos del amor y el deseo transitan por senderos distintos, por eso no resulta extraño que a veces se dirijan a personas diferentes. Esta comprobación resulta dolorosa porque rompe con una de las ilusiones más fuertes que genera el amor: completarse el uno al otro.

Si esto fuera posible no existiría el deseo —recordemos que es fruto de la falta—, y no habría necesidad de ir a buscar nada más a ningún lado. Dado que no es así, no basta con estar en pareja para ser fiel. La fidelidad requiere de alguien una decisión firme y un esfuerzo comprometido.

Hablaremos más detenidamente acerca del tema en el capítulo siguiente.

Para concluir, digamos que:

**El deseo es la única defensa que tenemos para enfrentar la angustia ante la muerte.**

Si no existiera, no tendríamos proyectos y, al mirar hacia adelante, veríamos solo el desenlace inevitable y final del recorrido y viviríamos todo el tiempo pensando que nos vamos a morir.

En cambio, movidos por la fuerza del deseo, emprendemos epopeyas, escribimos libros, nos enamoramos, estudiamos o simplemente transitamos la vida de la mano de aquellos que, con su reconocimiento, renuevan permanentemente nuestras ganas de crecer y nos incitan a inventar, siempre, un proyecto más.

Dalmiro, un señor mayor que conocí no hace mucho, nos puede ayudar con su historia de vida a comprender un poco mejor todo lo que venimos hablando.

# *LA HISTORIA DE DALMIRO*
# (ENTRE EL MANDATO Y EL AMOR)

*Aquellos que hemos amado y perdido*
*ya no están donde estaban. Ahora están*
*donde estamos nosotros.*

SAN AGUSTÍN

Era una mañana de sol. Quizás por eso, a pesar del frío, decidí caminar hasta el Parque Rivadavia. Suelo hacerlo cada tanto. Al llegar elegí un banco cercano al árbol grande. Creo que se trata de un ombú, aunque no puedo asegurarlo. Recordé las tardes que pasé allí mientras mi hijo intentaba trepar y llegar hasta las ramas que, por entonces, le parecían inalcanzables.

A pocos metros una chica jugaba con su perro, y en ese instante escuché la voz.

—Qué bárbaro —señaló al labrador— estos sí que son fieles. ¿Le molesta si me siento?

Negué con un gesto y me corrí para hacerle lugar.

—¿Usted tiene perro? —me preguntó. Le respondí que ya no—. Sin embargo, parece que le gustan.

—Así es —asentí—. Pero no siempre podemos tener todo lo que nos gusta, ¿no?

Sonrió ante mi comentario.

—Dígamelo a mí.

Nos quedamos unos minutos en silencio hasta que preguntó.

—¿Eres Rolón?

—Sí.

—Me parecía. ¿Sabes? Yo te conozco desde hace mucho tiempo, antes de que fueras famoso.

Lo miré extrañado.

—Sí —exclamó—. Tu papá era albañil, ¿no? Bueno, éramos medio amigos… Bah, vecinos de cuando vivían en Liniers; él hizo unos trabajos en mi casa.

Notó el esfuerzo que hacía por recordarlo.

—Tú lo acompañaste alguna vez. Pero claro, eras un niño, y los chicos no reparan en los grandes; supongo que a esta altura ya lo habrás aprendido. Así que no espero que te acuerdes de mí. —Estiró la mano a modo de saludo—. Dalmiro.

—Un gusto. ¿En verdad conoció a mi papá?

Se quedó mirándome y soltó:

—Por supuesto. ¡Qué lindo tipo era tu padre! Trabajador y buena gente. Lástima que murió tan joven. —Sentí el impacto. Estaba triste y sus palabras me conmovieron aún más—. Me lo crucé hace unos años en Belgrano. Él trabajaba en la construcción de una torre en la calle Migueletes. Apenas charlamos, pero me gustó verlo.

Lo siguiente lo dijo en voz muy baja, como si estuviera contándome un secreto.

—Estaba muy orgulloso de ti. —Su comentario me tomó desprevenido—. Me contó que te habías recibido de doctor.

Reí.

—Algo así. Pobre de mi papá, jamás entendió la diferencia entre un médico y un psicólogo.

—Si quieres que te diga la verdad, yo tampoco la entiendo. —Nos reímos—. Aunque algunos me aconsejaron que fuera a hablar con un loquero.

—¿Usted?

Me miró asombrado.

—Sí. ¿Por qué lo preguntas? ¿Te parezco demasiado viejo para sufrir?

Me sentí avergonzado y le pedí disculpas.

—No, Dalmiro, de ningún modo. Es más —dije intentando subsanar mi error—, si quiere, le dejo mi teléfono. Llámeme si necesita hablar con alguien.

—¿A ti? No —exclamó— soy un jubilado y tú debes ser muy caro. ¿O trabajas por labor social?

Le palmeé el hombro.

—Usted no se preocupe por eso.

Nos despedimos y lo vi alejarse. Caminaba con lentitud, como si cargara un peso que nada tenía que ver con los años.

Tres semanas más tarde estaba en mi consultorio. Lo primero que le llamó la atención fue la biblioteca.

—¡Qué linda es; y qué grande! Se ve que lees mucho, tú. En cambio, yo siempre fui un hombre de trabajo, como tu padre. Más que el diario no leí nunca nada. Eso sí, todos los días.

Recorrió el ambiente con la vista y caminó hasta el sillón.

—¿Qué edad tiene, Dalmiro?

—75, para 76. Ya sé, aparento ser más viejo, ¿no?

—¿Usted se siente más viejo? —Silencio—. Cuénteme qué le está pasando.

Se acomodó y permaneció un rato sin hablar.

—Al final, no sé para qué vine si no puedo decir nada. Pensé que iba a ser más fácil, pero ahora se me hizo un nudo acá, en la boca del estómago. Entiéndeme, Gabrielito, es raro para mí.

Me causó gracia el diminutivo.

—¿Qué es lo raro?

—Que yo esté aquí, viendo si un loquero puede arreglarme la cabeza.

—Ah, ¿usted viene a eso? ¿A que yo le arregle la cabeza?

—Es lo que haces, ¿o no?

—Prefiero decir que intento ayudar a las personas que están angustiadas o confundidas.

—Bueno, a eso en el barrio le llamamos tener problemas en la cabeza —duda— o en el corazón.

Hizo una pausa y percibí que se había conmovido.

—Dalmiro, ¿me parece a mí o pensó en algo que lo emocionó?

Asintió molesto consigo mismo. Como si hubiera sido descubierto.

—Y sí. No te voy a negar que ando medio maricón últimamente... en el buen sentido lo digo.

Sonreí.

—¿Sabías que yo era uno de los integrantes de La Mesa de los Martes?

—¿Y qué es La Mesa de los Martes?

Me miró extrañado.

—¿Cómo me preguntas eso? ¿Qué no viviste en Liniers? —Asentí—. Bueno, La Mesa de los Martes era toda una institución en el barrio. Una reunión de amigos que nos juntamos durante 45 años todos los martes a las ocho de la noche en el mismo bar. ¿Te das cuenta? —Se quedó pensando—. 45 años. Cuando arrancamos éramos unos muchachos. Después nos fuimos poniendo grandes.

Asentí.

—¿Y por qué lo dice con tanta pena?

Agachó la cabeza.

—Porque me dejaron solo. Ya no tengo más La Mesa de los Martes. Soy el último que queda vivo. Primero se fue Aníbal, después Serafín... Haroldo murió hace un año; sufrió mucho, pobrecito. Y ahora el Turco. —Me miró con gesto desolado—.

Todos tuvieron la mala idea de morirse... y ya no tengo con quien hablar.

—Bueno, acá puede venir a hablar, si quiere. —Pausa—. ¿Y usted no tiene miedo de morir?

—No —responde sin dudar—. A esta altura del partido, la muerte me da más curiosidad que miedo. Pero me pasa otra cosa.

—¿Qué cosa?

Se tomó unos segundos antes de responder.

—Que no me gustaría morirme sin resolver algunos temas que tengo pendientes.

—¿Como cuáles?

Me miró con los ojos rojos.

—Hace diez años que no hablo con mi hijo.

Se mordió los labios y el peso de esa frase le cayó encima. Imaginé que un sinfín de imágenes debían pasarle por la mente, y supe que tenía que procesarlo. Por eso, aunque intuí que no iba a entenderlo, di por terminada la sesión.

Lejos de enojarse se puso de pie y caminó hasta la puerta en silencio.

—No hablamos del dinero —dijo antes de retirarse.

—No se preocupe por eso, Dalmiro. Lo espero la semana que viene.

La sesión siguiente la inició de modo sorpresivo.

—Dime, ¿alguna vez cuestionaste una decisión de tu padre?

No respondí.

—¿Por qué me lo pregunta?

—Porque yo jamás lo hice. Para mí, lo que mi padre decía era palabra santa —sonríe—. Era un ruso cabrón. A veces caigo en la cuenta de que ya viví más años sin él que con él. Sin embargo, es como si se hubiera muerto ayer —Pausa—. Caray... cómo se extrañan los padres.

Sentí que era el momento de retomar el tema con el que concluimos nuestro encuentro anterior.

—¿Y los hijos, Dalmiro? ¿No se extrañan también?

Asintió y me miró dolorido.

—Claro que se extrañan.

—Hábleme de él.

Suspiró antes de comenzar.

—Tito fue un buen hijo. Yo quería que estudiara una carrera y así lo hizo. Se recibió —me miró con orgullo—. Es un profesional; arquitecto. Honesto, exitoso, buena persona.

Lo interrogué.

—¿Por qué dice que «fue» un buen hijo? ¿Ya no lo es?

Meditó un instante antes de responder.

—¿Cómo saberlo? Ya te dije que hace diez años que no lo veo.

Le costaba hablar del tema y supe que debía ayudarlo.

—Dalmiro, usted lo describe como si fuera el chico diez. Perfecto, educado, buena gente. Dígame, entonces ¿por qué se distanciaron? ¿Tiene que ver con lo que me preguntó hace un rato, esto de contrariar los deseos de los padres?

Asintió con gesto abatido.

—Creo que sí. Y pienso que yo tengo la culpa de lo que pasó. Porque estoy seguro de que si no hubiera hecho lo que hice, él nunca hubiera reaccionado así.

—¿Y qué fue lo que hizo?

Me miró avergonzado.

—No fui a su casamiento.

Silencio.

—¿Y por qué no fue?

—Porque estaba enojado. Esa chica no era para él.

—Ah, ¿no?

Negó con un gesto.

—No. Es cierto que era una buena chica, muy linda; y ya ves cómo son los jóvenes. Ven una cara bonita, un culo paradito y allí se van, atrás de eso, sin pensar.

—¿Y en qué debería haber pensado su hijo?

— En que ella no era como nosotros.

—«Nosotros», ¿quiénes?

Se acomodó en el sillón.

—Él, yo, su madre… toda nuestra familia.

Lo miré sin comprender lo que quería decirme. Él lo percibió.

—Nosotros somos judíos, ¿sabes? —Lo interrogué con un gesto—. Y la chica era goie.* —Asentí—. Veo que entiendes.

—Entiendo lo que dice, pero lo que no entiendo es qué tiene que ver eso con la distancia entre Tito y usted.

Un prejuicio es simplemente eso: un juicio previo, un dictamen que se toma sin pensar ni cuestionarlo, y no se debe subestimar la importancia que tiene en las decisiones de un sujeto. En ocasiones, es tan potente que puede corromper un vínculo de amor.

En este caso, Dalmiro venía de una familia tradicional para la que el judaísmo era fundamental. No eran practicantes ortodoxos de la religión, pero valoraban mucho la pertenencia a la comunidad. Y era evidente que el hecho de que su hijo se hubiera casado con una «goie» le había planteado un dilema que no podía resolver.

En el próximo encuentro parecía ansioso y con deseos de hablar.

---

* Término utilizado de manera informal para referirse a una persona que no pertenece a la comunidad judía. (*N. del e.*).

—Me fui pensando en lo que conversamos el otro día y llegué a una conclusión.

—¿Cuál?

—Que no sé si tuve razón en hacer lo que hice.

Me miró interrogante.

—Bueno —dije— a lo mejor en ese momento no estaba en condiciones de razonar. Pero tal vez pueda hacerlo ahora.

—¿Y no te parece tarde? —pregunta casi con temor.

—No lo sé. ¿Qué le parece a usted? —se encogió de hombros—. ¿Por qué no me cuenta bien qué fue lo que pasó?

—¿Tú te acuerdas de Tito, mi hijo? —Negué—. Sí, tienes que acordarte. Un flaco de chinitos. Jugaba a la pelota con ustedes en la plaza Santojanni.

De pronto lo recordé. Era un chico alto, de muy buen humor y actitud generosa. No pertenecía a nuestra «pandilla», sin embargo, lo queríamos y era un gusto que se sumara a las «cascaritas». Solo que entonces, para nosotros, no era Tito, sino el Ruso.

Asentí y Dalmiro intentó una sonrisa.

—Bueno, un día vino y me contó que estaba saliendo con una chica. Al principio no le di importancia porque pensé que era algo pasajero. Qué sé yo, ya ves cómo son los chicos. Tito era joven, tenía derecho a vivir, experimentar, y mejor que no lo hiciera con la hija de un amigo de «la cole». ¿Me entiendes?

—Sí. ¿Entonces usted conoció a la chica?

—Claro. Ivana, una chica divina.

—Pero goie —lo interrumpí. Dalmiro bajó la mirada—. Continúe, por favor.

—Ella era buena gente. Se portó muy bien cuando murió Ema, mi mujer. Contuvo mucho a Tito, y creo que eso los unió todavía más. —Pausa.

—¿En qué se quedó pensando?

—En que más o menos al año vino y me dijo que se quería casar.

—¿Y qué pasó?

—Pasó que me cayó muy mal. Me puse como loco y le dije que si llegaba a casarse con ella jamás iba a pisar su casa; y así fue. —Me miró—. ¿Sí sabes que el judaísmo se transmite por vía materna?

Asiento.

—Bueno, eso quiere decir que cuando tuviera un nieto...

Se interrumpió conmovido.

—O sea que tiene un nieto —dije.

Sonrió.

—Una nieta. Debe andar ya por los nueve años.

—¿Y no siente curiosidad por conocerla?

Hizo un gesto pícaro.

—Y... un poco la conozco. ¿Sabes?

—Ah, ¿sí? —sonreí—. ¿Cómo es eso?

Se sonrojó.

—Cuando me enteré de que había nacido me entraron unas ganas enormes de tenerla en brazos. Es mi sangre, mi familia, ¿o no? Pero no me animaba a ir. Hasta que un día no aguanté más y me paré en la esquina de su casa. Al rato los vi salir a los tres. Tito abría la puerta del auto e Ivana tenía a la pequeña en brazos. Casi no pude distinguirla, por la distancia. Pero sentí aquí, en el pecho, una emoción que no puedo describir. Algo tan fuerte —se conmovió—. Te dije que ando medio maricón. —Silencio—. Igual no volví a hacerlo por miedo a que me descubrieran. Pero ahora es distinto.

—¿Por qué?

—Porque la niña es grande —lo interrogué con la mirada—. ¿Sabes? A veces, sin que nadie me vea, paso por la puerta de la escuela a la salida y la espío. —Se emocionó—. Es tan linda... tan parecida a Ema.

—Bueno, usted lo dijo ¿no? Es su sangre, su familia.

Asintió. Pensé un momento. Sabía que iba a dolerle mi intervención, pero debía hacerla.

—Excepto por un detalle. Según usted, no es judía.

Se puso tenso.

—Dalmiro, a veces el amor exige trabajar para aceptar algunas diferencias. ¿Es capaz de hacerlo para darse el gusto de tener en brazos a su nieta? Yo creo que usted la ama, aunque no sea judía. Dese el derecho. No se avergüence. Ni se castigue.

Siete días después, Dalmiro volvió a sesión. Llegó puntual, como siempre. Esta vez su gesto era de profundo abatimiento.

—No te enojes, Gabrielito, pero al final desde que vengo a hablar contigo estoy más triste que antes... más adolorido.

—¿Y por qué cree qué es así?

—Debe ser porque hablo, porque pienso.

—¿Y qué estuvo pensando esta semana?

—Que la vida pasa —respondió contrariado— que me fui poniendo viejo casi sin darme cuenta... y que lo perdí todo. A Ema se la llevó el cáncer, a La Mesa de los Martes se la fue llevando el tiempo... y a mi hijo...

—Espere —lo interrumpí—. En el caso de su hijo no puede echarle la culpa ni al cáncer ni al tiempo. —Me miró con dolor—. Dalmiro, su esposa y sus amigos ya no están, es cierto. Pero Tito y usted todavía están vivos, ¿no?

—¿Y qué me quieres decir con eso?

Una frase vino a mi mente.

—¿Recuerda que la primera vez dijo que no sabía bien para qué había venido? —Asintió—. Bueno, creo que usted vino por dos motivos. El primero, porque necesitaba un lugar para hablar. Su Mesa de los Martes ya no estaba y se sentía muy solo con tanto silencio.

—¿Y el segundo?

—Usted dijo que no le tenía miedo a la muerte, ¿lo recuerda?

—Sí.

—Puede que sea así, que no le tema a la muerte. Sin embargo, creo que lo asusta la idea de morirse solo.

Dalmiro se tapó la cara con las manos, como un chico que ha sido descubierto.

—Pero eso no tiene por qué ser así —continué—. Tiene un hijo, una nieta y una familia que, es cierto, quizás no comparta su religión. Pero dígame: ¿de verdad considera que eso es tan importante? ¿Piensa dejar que Dios separe lo que ha unido el hombre?

Estaba totalmente quebrado y su cuerpo se sacudía por el llanto.

—No lo sé. A lo mejor soy un cagón y tengo miedo. Mucho miedo. —Pausa—. Yo sé que tengo una familia, y recién ahora comprendo lo estúpido que fui.

Lloraba. Lo necesitaba, y por eso le di el tiempo para que lo hiciera. Sin embargo, esta vez tenía que seguir.

—Dalmiro, usted dijo que Tito nunca le trajo problemas; que estudió, se recibió y es un gran profesional. Fue un hijo que siempre hizo lo que se esperaba de él. Pero ¿qué pasó la única vez que se animó a desear algo que usted no quería?

—No supe respetarlo… Ay, Gabriel, qué dolor. Y ahora… —se interrumpió.

—¿Ahora qué?

Me miró y leí el temor en sus ojos.

—¿No será demasiado tarde? ¿Crees que podrá perdonarme?

Me miró suplicante. Estaba devastado y necesitaba apoyo. Aun así, no iba a mentirle.

—No lo sé. Pero lo que sí sé, es que usted tiene derecho a hacerle saber que todavía lo ama.

—Y que estoy arrepentido. —Aprobé con un gesto—. ¿Y si no quiere escucharme?

Abrí los brazos.

—Bueno; aquí estoy yo, ¿no? Y puede seguir viniendo a hablar conmigo como lo hizo durante estas semanas —le sonreí—. Todos los martes a las ocho de la noche.

Dalmiro se ríe. No se había dado cuenta de que yo había decidido darle ese horario.

Debo reconocer que me quedé intranquilo y esperaba noticias de Dalmiro. A los dos días pidió verme y accedí. Llegó muy ansioso; alegre pero temeroso.

—Lo llamé, Gabriel. A Tito, digo. Después de nuestra charla junté coraje y lo llamé.

—¿Y qué pasó?

Hizo un gesto de asombro.

—¡Qué cosa! Le dije «hola» y se quedó callado. Yo no sabía qué pensar; es más, casi cuelgo. Hasta que al rato me respondió: «hola, papá»... ¿Te das cuenta? Me reconoció enseguida, como si todos estos años no hubieran pasado.

—Bueno —intervine—, es cierto que el tiempo pasó, pero aun así, sigue siendo la voz de su padre, ¿no? —asintió.

Hace una breve pausa.

—Yo había pensado mil formas de encarar la charla. Sin embargo, al escucharlo se me borraron de la cabeza y solo atiné a decirle que quería verlo.

—¿Y qué le respondió?

—Para mi sorpresa, aceptó inmediatamente. No lo pensó ni un segundo.

—A lo mejor porque hace años que esperaba esta llamada, ¿no le parece? —Silencio—. ¿Y ahora, cómo sigue todo?

—Quedamos en vernos en el café esta noche, tan pronto saliera de acá. Pero al ratito me llamó.

Respiré profundo. Temí que quizás su hijo lo hubiera pensado mejor y pudiera haberse arrepentido. Por eso pregunté con mucho cuidado.

—¿Para qué?

Me mira y se pone a llorar.

—Porque le contó a Ivana de mi llamada, y ella le preguntó para qué íbamos a vernos en un café... por qué mejor no me invitaba a cenar a su casa... Y acepté... ¿Te das cuenta, Gabrielito? Después de tantos años hoy voy a comer en familia.

—Y bueno —me puse de pie y lo invité a retirarse—. Vaya. No los haga esperar que deben estar ansiosos por verlo.

Caminamos hacia la puerta y nos despedimos. Pero cuando estaba a pocos metros, lo llamé.

—Dalmiro.

Volvió sobre sus pasos.

—¿Sí?

—Disculpe, pero... ¿de verdad mi padre le dijo que estaba orgulloso de mí?

Me regaló una sonrisa generosa y se acercó. Su mirada era diferente. Como si por primera vez viera en mí al hombre detrás del analista. Quizás por eso me acarició la mejilla antes de decir:

—Sí, muchacho... muy orgulloso.

Nos dimos un abrazo que pareció eterno. Luego se fue. Cerré la puerta y me quedé parado en la soledad de mi consultorio. Apreté los ojos intentando retener las lágrimas. De algún modo extraño, también Dalmiro me había devuelto algo de mi familia.

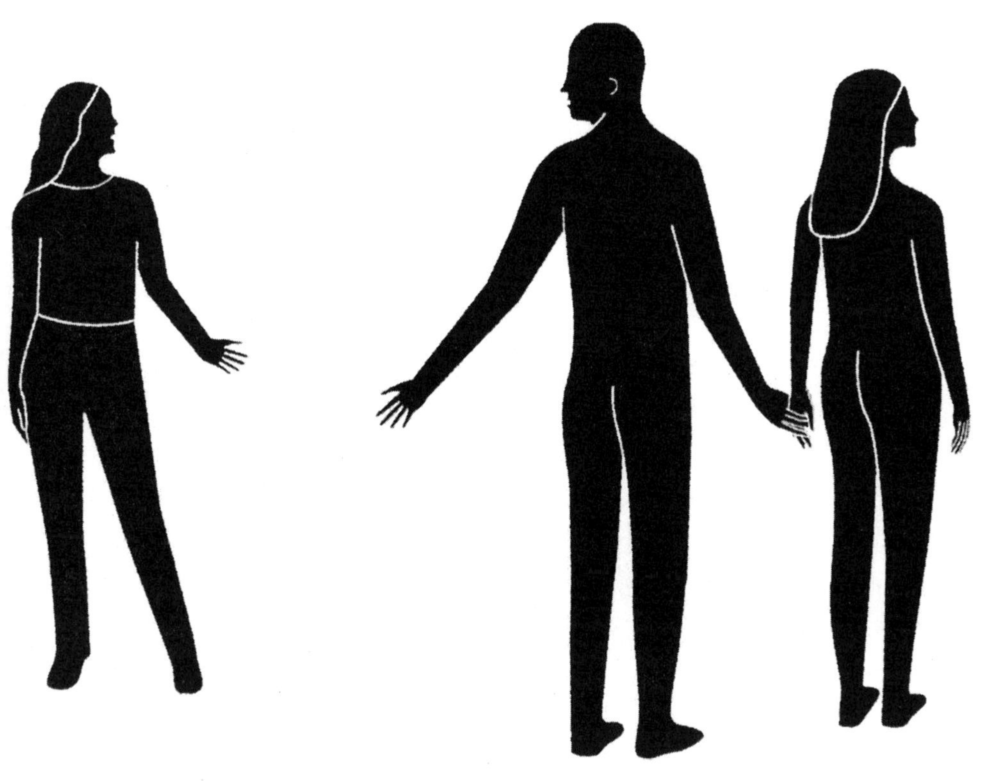

## SÉPTIMO ENCUENTRO

# LA INFIDELIDAD

*Hoy en día la fidelidad solo se ve en los equipos de sonido.*

WOODY ALLEN

## Del lado del infiel

*Los puentes de Madison*, una de las historias de amor que más han conmovido a lectores y espectadores, es también una historia de infidelidad. Esta novela de Robert James Waller fue llevada al cine por Clint Eastwood (Robert), quien la dirigió y protagonizó junto a Meryl Streep (Francesca).

El relato de la película transcurre en dos épocas, pues va todo el tiempo del presente al pasado, y cuenta la aventura amorosa de Francesca y Robert.

En el comienzo del film ella ha muerto y sus hijos se asombran ante un pedido muy especial que ha dejado por escrito: ser cremada y que sus cenizas sean esparcidas sobre el puente Roseman, uno de los puentes techados de Madison.

Los jóvenes no entienden el porqué de este pedido. El padre, fallecido hace algunos años, se había encargado en su momento de comprar dos tumbas contiguas para que ambos descansaran juntos por toda la eternidad.

Cuando el abogado los reúne para leer el testamento y hacerles entrega de las cosas de su madre, entre las pertenencias encuentran la llave de un cofre. Lo abren y comprueban que contiene tres diarios íntimos que Francesca ha escrito para ellos, en los que explica el porqué de esta decisión.

Resulta ser que era una mujer que vivía en el campo y llevaba una existencia aburrida y monótona junto con su marido y sus dos hijos. Pero ocurre que en cierta ocasión los tres llevan uno de sus toros a competir en una feria ganadera que se realiza en un pueblo cercano y Francesca se queda sola por cuatro días.

En esa circunstancia conoce a un hombre desconocido, un fotógrafo de la *National Geographic* que ha recorrido el mundo y ha viajado a la región con la voluntad de fotografiar los puentes techados de Madison. Desorientado, se detiene ante la puerta de su casa y le pregunta por el puente Roseman. Ella intenta explicarle el camino sin conseguirlo y, entonces, se ofrece a acompañarlo al lugar. Allí comienza esta historia de amor.

Francesca era italiana, nacida en la ciudad de Bari. Robert le dice que conoce el lugar porque cierta vez el tren en el que viajaba se detuvo en esa estación y, como le pareció tan bello, sintió curiosidad por conocerlo, de modo que modificó sus planes, bajó allí y pudo recorrerlo.

Ella lo escucha fascinada. Descender de un tren, en un lugar cualquiera, solo porque resulta atractivo, es algo que jamás se atrevería a hacer. Pasan los minutos y, ante cada nuevo relato, se va deslumbrando por la personalidad del hombre.

Al día siguiente, muy movilizada por el encuentro, se dirige en su coche hasta el puente que sabía que él iría a fotografiar y le deja una nota invitándolo a cenar. Esa noche se hacen amantes y sienten que jamás volverán a sentir de esa manera. No podría ser de otro modo estando en el momento inicial del enamoramiento. Pero dejemos los comentarios para después y sigamos con la historia.

Robert se queda esos días a su lado y, cuando se acerca el momento del regreso de su familia, le pide que abandone todo y se vaya con él. La mujer acepta, prepara las maletas, y todo parece estar dispuesto para que escapen juntos. Pero esa noche, mientras cenan, Robert la mira y comprende que no va a dejar a su familia. Intenta convencerla, pero ella argumenta que no puede hacerles eso a su marido y sus hijos.

Antes de despedirse, Francesca le hace el amor, le obsequia un recuerdo familiar, una cadenita que era muy importante para ella, y se despiden. Sin embargo, el hombre no se resigna y decide quedarse un par de días más en el pueblo, esperando que cambie de opinión. El esposo y los hijos regresan y la vida parece retomar su rumbo habitual para todos... excepto para ella.

En medio de esta historia, en las escenas que muestran el presente, el director nos muestra cómo los hijos se van enterando de todo a medida que leen el diario, y pasan de la indignación a la incredulidad, de la decepción a la comprensión y del enojo al orgullo. Porque esta mamá que había llevado una vida oscura y rutinaria, en el fondo escondía una pasión sublime.

Seguramente el momento que más recordarán quienes vieron la película es la famosa escena de la camioneta.

Francesca va junto a su esposo al pueblo a comprar algunas provisiones. Llueve y es un día oscuro y triste. En un momento, ve venir la camioneta roja de Robert y comprende que él se está yendo. El semáforo los detiene y su vehículo queda justo delante del de Francesca. Ella lo mira, enamorada, angustiada y, en ese instante, él cuelga algo del espejo retrovisor: la cadenita que su amante le regaló.

El semáforo se pone en verde, los segundos pasan, pero él no arranca. La está esperando. Le está rogando que se decida.

Por un segundo Francesca siente un impulso y toma la manija de la puerta para abrirla y correr hacia él. Pero duda. Y cuando está casi decidida a bajar, su marido hace sonar el claxon exigiéndole a Robert que arranque. Ese sonido trae a Francesca a la realidad. Por el espejo retrovisor, sus ojos se encuentran por última vez con los de Robert; él arranca, da la vuelta y se va de su vida para siempre.

Ella no puede contenerse y llora desesperadamente, ante la mirada atónita de su esposo que no entiende nada de lo que está ocurriendo.

A partir del relato de esos diarios íntimos, los hijos descubren que luego de la muerte de su esposo, ocurrida más de veinte años después, Francesca intentó localizarlo, pero no tuvo éxito. Hasta que un día le llegó una encomienda. La caja venía acompañada de una carta que le comunicaba que Robert había muerto y le dejaba todas sus pertenencias. Además, se enteró de su última voluntad: que su cuerpo fuera cremado y las cenizas tiradas sobre el puente Roseman.

El diario de Francesca termina con la siguiente frase: «Le dediqué mi vida a mi familia, quiero dedicarle a él lo que quede de mí».

Al terminar de leer, los hermanos se miran emocionados después de haberse enterado de la historia de amor de su madre. Sonríen y brindan en honor a esta mamá que desconocían y resuelven cumplir su deseo.

La película es ciertamente emotiva. Sin embargo, desde un punto de vista psicológico, relata una vida casi siniestra. La de una mujer que tuvo solo cuatro días de pasión y luego esperó durante cuarenta años la muerte para que sus cenizas se unieran con las del hombre que había amado y al cual no vio nunca más.

Esto que le ocurrió a Francesca es una patología que se llama Melancolía.

**La Melancolía es una patología que aparece en los casos en que no puede llevarse a cabo el *trabajo de duelo*. Cuando esto sucede, el afecto melancólico sumerge al sujeto en un estado sufriente en que lo perdido ensombrece la existencia, el deseo queda congelado y lo condena a la soledad y el dolor.**

Pensemos en el film. El hecho de que el único deseo de una persona durante cuarenta años sea morir, ser cremado y que sus cenizas se unan a las de alguien que vio solamente cuatro días hace casi medio siglo es fatal y nadie puede creer que Francesca haya tenido una buena vida.

La película plantea además el tema de la infidelidad como algo que no es en sí mismo ni bueno ni malo. De hecho, cuando los espectadores ven la escena de la camioneta que acabamos de describir, ruegan para que ella se baje y huya con el *otro*; desean que abandone al esposo, los hijos y se arriesgue por su historia de amor.

Sin embargo, lejos de ser una toma de partido en favor de la infidelidad, el anhelo de esos espectadores es resultado de haber estado en presencia de una verdadera pasión, del deseo, de eso que la protagonista, Francesca, había descubierto con Robert; lo único importante que, como mujer, le había pasado en la vida. Subrayo el *como mujer* para marcar una clara separación de roles, porque como madre también le habían pasado cosas muy fuertes. Esos dos hijos eran fundamentales para ella, y también lo fue su esposo, a quien quería, respetaba y cuidó hasta el último de los días en su lecho de muerte.

Francesca es una buena mujer, su esposo y Robert dos buenos hombres, y tal vez por eso la película es tan movilizante, porque muestra que.

**La cuestión de la infidelidad es más compleja de lo que comúnmente se piensa; no siempre se puede poner a los buenos de un lado y los malos del otro.**

## Amor e infidelidad

De todo lo que hemos venido exponiendo surge con claridad cómo la infidelidad pone el acento sobre un tema fundamental: el amor y el deseo son afectos que, aunque creamos van de la mano, tienen profundas diferencias. Se trata de emociones difíciles que tienen su origen en la infancia.

No hay amores más serios que los de la niñez. Los adultos acostumbran minimizar los afectos infantiles sin darse cuenta de la fuerza e importancia que tienen. Son, ni más ni menos, los que establecen una marca inconsciente que condicionará para siempre nuestras elecciones.

**En la adultez no amamos sino a aquellos en quienes encontramos ese rasgo que nos remite a los amores primarios. Y en ese sentido, todo encuentro es un reencuentro.**

Reencuentro con algo amado y perdido, a veces apenas anhelado. Con lo que fuimos o quisimos ser.

Retomo la frase de Discépolo: «Si yo pudiera como ayer querer sin presentir». Los mayores presienten. Por eso, cuando se enamoran, ya saben que la relación puede terminarse, que es posible que los engañen o ellos mismos lo hagan y que el deseo puede desaparecer. Pero, sobre todo, han comprobado algo que es fatal para la idea romántica del amor:

**De amor, si no se está loco, no muere nadie.**

Situación encarnada en la frase que, dos o tres años después, dice alguien que creía que no podría soportar la ruptura: «No entiendo cómo pude haber sufrido tanto por una persona así».

## Infidelidad e infancia

Recuerdo a un paciente al que le costaba mucho creer en las mujeres. Cada relación era un padecimiento porque todo el tiempo tenía la sensación de que iba a ser engañado. Y no se trataba de alguien celoso. Por el contrario, era un hombre muy seguro de sí mismo, triunfador, atractivo, sin embargo, no podía evitar esa sensación que describía como un presentimiento.

Intervine diciéndole que tal vez lo suyo no fuera un presentimiento de algo que podía sucederle en el futuro, sino el recuerdo olvidado de algo que ya le había ocurrido en el pasado.

Dos o tres sesiones después de ese señalamiento llegó a sesión muy conmovido, asombrado y lleno de vergüenza. Le pregunté qué le ocurría y dijo que fue a una reunión que se había hecho en el colegio en donde estudió la primaria. Era el aniversario del establecimiento y, aunque no era un hombre que hacía un culto de la nostalgia, tuvo ganas de pasar un rato por allí.

Y mientras conversaba con algunas de las personas que habían concurrido a la fiesta, le preguntó a una mujer, que no había sido su compañera, si era del barrio. Ella respondió que sí, que vivía en tal calle, enfrente de un taller mecánico y que su padre tenía un negocio que se dedicaba a la venta de muebles.

Mi paciente se puso blanco y le preguntó: «Entonces, ¿eres Claudia?». La mujer respondió que sí y él, sin poder retener una inexplicable y repentina angustia, le confesó que ella había sido la causante de que no hubiera podido confiar nunca en ninguna mujer a lo largo de su vida.

La señora no entendía nada; él le contó quién era, cosa que ella recordó con alguna dificultad. Le dijo que cuando tenían cinco años eran novios hasta que un día, al salir a hacer un mandado, la encontró dándole la mano a otro chico.

En ese momento, mi paciente rememoró que no pudo llegar al almacén, volvió corriendo a su casa y se encerró en su cuarto a llorar. Le dijo además que, después de ese hecho, no recordaba nada más de su infancia hasta los 14 años.

Al contarme lo ocurrido, manifestó sentirse avergonzado por el mal momento que le generó a esa mujer de 45 años por algo que había hecho a los cinco y de lo cual no tenía el menor recuerdo. Sin embargo, esto que para ella ni existía, para mi paciente en cambio fue un momento traumático acontecido, justamente, en el periodo más importante: el sepultamiento del Complejo de Edipo.

A partir de ese suceso, lo acompañó la creencia inconsciente de que el amor siempre conduciría al engaño y al dolor. Por eso sus relaciones eran poco comprometidas o sufrientes. Podríamos concluir que su vida emocional había sido marcada por el registro de la infidelidad en aquella experiencia infantil. Experiencia que se encargaba de revivir con cada elección adulta.

Intuyo que muchos seguirán pensando que se trata de un hecho menor, pero déjenme decirles algo:

**No hay etapa de la vida en que el amor, el abandono, la soledad o el engaño se vivan con tanta potencia e indefensión como en la infancia.**

Hace poco tiempo una mujer me hablaba de su hijo. Un chico que, apabullado por la irrupción de la sexualidad, se pasaba todo el día espiando por la ventana a la vecinita que tanto le gustaba. Lo obsesionaba tanto que, cuando llegaba la hora de salir para el colegio, se ponía muy nervioso ante la posibilidad de verla. Me contó también que el niño estuvo durante casi seis meses llevando en su bolsillo un alfajor que nunca se animó a regalarle. Él sufría y ella, sonriente, como si fuera una tontería expresó: «No sabes... lleva el alfajor y lo trae de vuelta... y se encierra, y llora... pobrecito». La mujer no comprendía la potencia afectiva de lo que le estaba pasando a su hijo.

Ese chico estaba sufriendo. Y es comprensible que así fuera, porque estaba enamorado y el amor, como dijimos, coloca a alguien en una situación de peligro. Lo mismo podemos decir del deseo. Porque el sujeto deseante, movilizado en la búsqueda imperiosa del objeto que origina ese deseo, es asimismo capaz de correr altos riesgos.

Hay quienes buscan la tranquilidad intentando convencerse de que el amor y el deseo durarán toda la vida. Pero ya hemos dicho que en estos asuntos no hay garantía posible.

**En asuntos de amor y deseo, ante la falta de certeza, el único milagro es la confianza.**

Una confianza que se construye trabajosamente.

Al comenzar este libro hablamos de Oscar Wilde y de su libro *El retrato de Dorian Gray.* Recuerdo un párrafo más que me gustaría citar.

Luego de una conversación acerca del amor que tiene con lord Henry, Dorian se encuentra intranquilo, siente que lo que le dice el hombre es cierto pero le abre las puertas de un mundo oscuro y lleno de dudas. En ese estado algo angustioso lo mira y lord Henry, que parece adivinar sus pensamientos, le pregunta: «¿Se alegra de haberme conocido, señor Gray?» y Dorian le responde: «Sí, ahora sí, pero me pregunto si me alegraré siempre».

**La palabra *siempre*, pone de manifiesto la búsqueda vana de una certeza imposible o la repetición dolorosa de una elección enferma.**

Sin embargo, son muchas las personas que echan a perder sus historias de amor intentando que duren eternamente.

De todos modos, aceptemos que es inevitable que este deseo surja en el comienzo de una relación. Conocemos a alguien y empezamos el juego de la seducción, jugamos nuestras mejores cartas, tratamos de ser más inteligentes y comprensivos de lo que podremos serlo dentro de un tiempo. Mostramos lo más destacado que tenemos para intentar convencerlo de que nada mejor puede pasarle en la vida que estar a nuestro lado. Y en ocasiones lo logramos, aunque a veces el engaño dure poco. Pues, consciente o inconscientemente, prometemos dar lo que no tenemos y, más tarde o más temprano, se revelará la impostura.

Hay quienes se confiesan poco interesados en esta idea de tener una pareja para siempre; sostienen que viven el momento porque «de todos modos ¿quién les quita lo bailado?». Lo dicen la primera vez, lo dicen la segunda y la tercera, pero a la cuarta protestan: «No me llamaste en toda la semana».

¿En qué momento sus códigos empezaron a cambiar? ¿Cuándo pasaron de ese estado relajado del que no espera demasiado a esa angustia que solo se calma con la aparición del otro?

Respuesta: en el momento en que entraron en juego cuestiones que van más allá de la seducción y la ansiedad por concretar el encuentro. En el preciso instante en que surgió el deseo de ser amado y reconocido como alguien *especial*.

**El deseo surge de un modo intermitente y busca la satisfacción inmediata de la tensión. El amor, en cambio, anhela la permanencia en el tiempo.**

En el amor no ocurre lo mismo que en el anhelo erótico. En el deseo, una vez satisfecho, puede soportarse la ausencia del otro hasta que resurja el ansia de reencuentro. Por el contrario, el amor requiere la presencia del amado, ahora, después y, si fuera posible, toda la vida.

¿Y cómo se entrecruza, entonces, el tema de la infidelidad con los del amor y el deseo?

## La infidelidad sorprende

La infidelidad es un hecho inesperado, vivido generalmente como algo extraño, como si el infiel hubiera quebrantado un modo natural de relacionarse. La persona traicionada no comprende los motivos del engaño y busca una explicación que, de todos modos, no va a servirle para entender lo sucedido ni aliviará su dolor. Cuesta entender que:

**La fidelidad no es un acto natural sino el producto de una decisión. Decisión que, generalmente, se sostiene con gran esfuerzo.**

Pensemos en lo que ocurre al abrir la llave de agua. ¿Cuándo nos sorprendemos y preguntamos qué pasó? Seguramente, cuando no sale agua. Nos hemos acostumbrado tanto a que brote al abrirla que nos parece natural que sea así. Sin embargo, para que eso ocurra, el agua debe ser traída desde los depósitos que están muy lejos, a veces a kilómetros de distancia, hay que lograr que venza la fuerza de gravedad con la ayuda de motores y bombas, depositarla en tanques desde los que otras tuberías la harán bajar, hacer que se detenga a la espera de que decidamos girar la llave y, entonces, allí aparece en nuestra cocina. Un procedimiento bastante complicado, como vemos. En cambio, basta con que algo obstruya la cañería para que el paso se interrumpa. Sin embargo, repito, nos asombra cuando esto tan complejo no sucede.

Algo parecido ocurre con la infidelidad. La percibimos como un hecho que nos sorprende sin pensar que es mucho más difícil ser fiel que no serlo.

La fidelidad debe enfrentarse a la fuerza del deseo que no se detiene por más que estemos enamorados. El amante fiel presenta una batalla cotidiana a sus tentaciones en pos de algo que considera mejor para él.

## Un momento doloroso

La primera sensación que tiene quien ha sufrido una infidelidad es la sorpresa. Pero de inmediato se siente desgarrado, víctima de un enorme dolor. Resulta evidente que el narcisismo de ese sujeto ha sido herido y su autoestima fue lastimada.

**En la infidelidad, la persona que anhelaba ser todo para el otro comprende que no es así, y la ilusión que genera el amor —hacer de dos uno— muestra su quiebre.**

Dijimos ya que la fantasía del amor es encontrar a alguien que de algún modo nos complete y nos haga sentir cuidados, protegidos y deseados. La infidelidad viene a develar que eso era solo un ideal y, entonces, el enamorado no solo se siente dolido sino también desconcertado y no encuentra un motivo que justifique lo ocurrido. No es fácil entender que, en ocasiones, el único motivo es la existencia de un deseo que no se satisface nunca.

Muchos sostienen que cuando alguien es infiel lo hace porque «algo le faltaba en su casa», y por esa razón buscó afuera lo que no encontraba en su pareja.

Veo en esa explicación la puesta en juego de un mecanismo de defensa ante la angustia que genera el hecho de que nadie tiene garantizada la fidelidad del otro. Creer que quien engañó lo hizo porque no estaba bien, abre la puerta a la esperanza. «Bueno —piensan— pero eso no me va a pasar porque en mi pareja todo está bien, conmigo no le falta nada». La verdad es que a todos, siempre, nos falta algo.

## ¿Se puede amar y ser infiel?

Esta pregunta aparecía de un modo recurrente cada vez que en alguno de aquellos encuentros salía el tema. He podido comprobar que:

**La mayoría de las personas tiende a creer que cuando alguien engaña es porque ha dejado de amar. Esto no necesariamente es así.**

Por supuesto, puede darse el hecho de que haya desaparecido el interés por la pareja, ya no se quiera estar a su lado y se busque otra relación que brinde satisfacción o dé el empujón, la fuerza necesaria para separarse. Pero a veces no es esto lo que ocurre.

En muchos casos, por el contrario, la persona no desea terminar la relación que tiene con su pareja. La ama, teme que se entere de su infidelidad porque quiere la vida que tiene junto a ella y no la cambiaría por su amante, pese a lo cual le es infiel.

Recuerdo a una paciente cuya vida era una constante espera. Vivía expectante, como quien mira un fruto que cuelga en lo alto de un árbol y no se quiere mover de ahí porque cree que, cuando caiga, será suyo.

«Se va a separar —me decía—; si hace más de un año que está conmigo; me mima, me habla todos los días. Es obvio que se va a separar, de lo contrario no me llamaría ni me querría ver. Si estuviera tan bien en su casa, no estaría conmigo».

A pesar de esta creencia, su amante nunca se separó. A ella le costó mucho hacerse a la idea de que el vínculo siempre iba a ser así y lo que tenía que decidir era si podía ser feliz de esta manera o rompía la relación. Una relación que le daba mucho, pero no lo que esperaba.

## El amor no garantiza la fidelidad

La hipótesis de que solo se es infiel porque se dejó de amar debe ser cuestionada seriamente. Les aseguro que son muchas las personas enamoradas de su pareja que han sido infieles.

**El amor no trae por añadidura la fidelidad.**

Eso forma parte de la individualidad de cada quien, de su subjetividad y modo de vivir la vida. Un punto nodal a la hora de ver cómo se sigue, sobre todo si la pareja quiere reintentarlo. Pero ya llegaremos a eso.

Antes, me gustaría remarcar lo que hemos venido planteando:

**El amor genera la falsa idea de que el enamorado encadena su deseo de manera permanente al amado. La realidad, por el contrario, demuestra que el deseo no se deja apresar y continúa su recorrido por mucho que se ame.**

Lo cierto es que esta idea está tan arraigada que siempre se hace necesario encontrar una causa que haya desencadenado la infidelidad, pasando por alto que lo problemático es la naturaleza misma del deseo.

Ya hemos hablado de los celos y la posesión y de cómo estos afectos se juegan en alguien cuando se enamora. Por eso es habitual el carácter posesivo o celoso que a veces toma el amor. De allí que muchos deseen que su pareja le pertenezca, que no mire a nadie más y ningún otro la toque, lo cual genera que esa persona vea en la infidelidad una amenaza que lo angustia. Entonces, para protegerse, construye esta teoría de que el amor excluye al engaño y supone que si es amada puede quedarse tranquila. Porque se rige por un principio erróneo: el que ama no traiciona.

Se equivoca. El amor escapa a las premisas universales porque no tiene nada de natural. Las relaciones humanas son construcciones. Y en esas construcciones la cultura en la que se vive también juega su influencia.

Me permito una pequeña digresión.

Hace un tiempo salió publicada en los diarios la noticia de un hombre que vivía con cuatro o cinco hermanas, y era el marido de todas ellas. Vivían juntos en la misma casa y él decidía con cuál de las mujeres estaba según los deseos de cada día. Los periodistas, azorados, intentaban meterse dentro de esa «minicultura» que habían armado. Hablaban con ellos e intentaban mostrar desde una perspectiva externa esta relación que les parecía tan extraña, y sin embargo, para esa familia, era lo más natural.

Les preguntaban a las hermanas cómo se llevaban, y les respondían que muy bien, que él dormía un día con una, otro con otra, que una lavaba, la segunda cocinaba, la tercera cuidaba a los niños y todas se sentían muy bien.

Ninguna de ellas sentía que fuera un acto de infidelidad que el hombre pasara de una cama a la otra, cosa que probablemente sí habrían sentido si iba en busca de una amante por fuera de este pacto tan particular.

Me apresuro a decir que no estoy juzgando la situación, sino simplemente poniendo un ejemplo de un modo diferente de vincularse.

Algunas religiones, por ejemplo, permiten a un hombre tener dos mujeres, otras un harem con cincuenta o cien, pero ¿por qué cien y no todas? Porque, aun en esos formatos culturales, no todo se puede; siempre habrá una norma que ponga un límite y le diga que puede estar con una mujer, con dos, con cien, pero no con todas. En el ápice de ese límite aparece la prohibición del incesto, esa ley fundamental que establece que algunas personas nos están prohibidas.

En nuestra cultura, esa prohibición abarca a los padres, hermanos, hijos y abuelos; pues, como bromeaba un paciente: «en la vida de todo hombre ha habido alguna prima».

Volviendo al tema, señalamos que en toda pareja es frecuente encontrar un anhelo de posesión. Dos personas se conocen, se atraen, lo cual estimula y alimenta su deseo hasta que se produce la concreción, y entonces aparece esta desesperación por detener el momento.

Al menos así ocurre en nuestra cultura, aunque como vimos es posible que una pareja se maneje con códigos diferentes de los habituales.

## La infidelidad, ¿siempre implica una mentira?

Cada pareja acuerda, explícita o implícitamente, las reglas con las que quiere manejarse. Hay acuerdos que son sanos y otros que no, que generan padecimiento en alguno o en ambos, como veremos en el próximo capítulo. Es posible, incluso, que convengan que cada quien tiene derecho a manejar su deseo con libertad.

Puede sonar fuerte, pero si es un pacto entre adultos y ninguno de los dos sufre, habrá que reconocer que en esa pareja en particular el acuerdo funciona bien. En cuanto a la posibilidad de que el amado esté con alguien más, hay quienes quieren enterarse, otros en cambio, prefieren ignorarlo.

Recuerdo el caso de una mujer, esposa de un viajante, que me contó que al principio sufría mucho cada vez que su marido se iba porque se torturaba pensando que él pudiera estar con otra mujer. Sin embargo, desde hacía un tiempo había logrado tranquilizarse.

«Solo quiero que me cuide, que no se ría de mí y me respete, que si hace algo sea con inteligencia, para que ni yo ni nadie más se entere y salga lastimado».

Otra paciente, hablando del tema de la infidelidad, me dijo en un tono parecido, aunque más audaz, lo siguiente: «Yo no puedo pedirle que no desee a nadie más, porque a mí también me gustan otras personas. Pero me encargo de que no lo sepa. Jamás le faltaría el respeto, nunca estaría con un amigo, un vecino, o un compañero de trabajo con el que pudiera cruzarse si me acompaña a alguna reunión. Ni loca lo expondría a que estuviera delante de un hombre con el que me he acostado; eso sería una falta de respeto. Puedo desear a otros hombres, pero eso jamás. Nadie con quien se vaya a encontrar; ninguna historia de la que pudiera enterarse. Nunca. Lo que hago tiene que ver conmigo, no es algo en su contra. Porque lo amo y, entonces, lo tengo que cuidar».

Observemos qué planteo tan interesante el que hace; y muy respetable. Al menos desde el punto de vista de un analista que debe abstenerse de volcar un juicio de carácter moral sobre el tema.

Ella no quiere dañar a nadie, aunque sea un riesgo que corre y debe admitir. Simplemente se permite algunas cosas que hacen a su deseo. ¿Está bien, está mal? No me corresponde responder esa pregunta. Excepto en casos extremos, como el abuso o la violencia, no es la función de un analista hacer juicios de valor.

Entonces, ¿cuál es la posición que debe tomar el analista ante una situación de infidelidad?

Supongamos que una paciente cuenta en sesión que ha engañado a su esposo y dice que se siente mal, que su marido no se lo merece, que puso en peligro a su familia y está desbordada por la angustia y el sentimiento de culpa.

Con ese discurso, abre un espacio para el trabajo analítico, una puerta para interrogar acerca del porqué de su actitud, del riesgo que decidió correr, de su angustia actual y de esa sensación de culpa.

En cambio, si esa paciente dijera que se siente bien, que lo pasó genial, que su esposo no se va a enterar nunca porque lo hizo con mucha discreción y no siente culpa alguna, en ese caso, su infidelidad no sería tema de análisis. Que siga hablando de lo que quiera hasta que aparezca alguna cuestión que la convoque a un punto angustioso.

Ésa es la característica que hace del análisis —como dijo Lacan—, «una terapéutica que no es como las demás».

**El Psicoanálisis no mira los síntomas desde afuera ni los juzga, sino que escucha qué actitudes lastiman a ese paciente en particular.**

En ese sentido, reafirmo que los pactos entre adultos, en tanto no lastimen a nadie y sean compartidos, son respetables.

Alguien podrá no estar de acuerdo con ellos, decir que no le gustan ni lo convencen. Está en su derecho. Eso quiere decir que es un arreglo que él no haría, lo cual no quita el derecho de los demás a elegirlo.

En el capítulo anterior enunciamos que el amor y el deseo no son la misma cosa. Porque el amor se regocija en el vínculo, en la permanencia, en tanto que el deseo se comporta siguiendo un impulso que, una vez satisfecho, desaparece para volver a aparecer después con la misma persona o con otra.

Recuerdo una película protagonizada por Juliette Binoche (Julie), llamada *Bleu*, que pertenece a la trilogía: *Bleu - Blanc - Rouge*, del director polaco Krzysztof Kieślowski, en la que se juega una situación muy interesante.

La protagonista es una mujer que ha perdido a su hija y su esposo en un accidente automovilístico. Durante su duelo pasa, incluso, por un intento de suicidio. El mundo ha cambiado para ella y nada es igual. Sin embargo, hay un hombre que siempre la amó y está a su lado en ese momento difícil en el que descubre, además, que el marido la engañaba con una mujer que está embarazada de él.

Toda la estética del film está teñida de azul, de allí su nombre. Pero me gustaría hacer foco en una escena en particular. Julie no escapa al hecho de que:

**Toda mujer es un verdadero enigma para el hombre que la ama.**

Cierto día lo llama por teléfono y se da el siguiente diálogo:

—¿Usted me quiere? —pregunta ella.

—Sí.

—¿Desde cuándo?

—Desde hace mucho.

—Bueno, si anhela tenerme, venga ahora.

—Sí, enseguida.

Así procede el deseo: «venga ahora». Porque el deseo es premura y por eso le pide que acuda ya. Y este hombre enamorado obedece. Está lloviendo y llega todo mojado. Entonces ella, señalando el impermeable, le ordena:

—Quítese eso —y él acata—. Lo otro también —le exige.

Como el hombre está nervioso, asustado y demora mucho, la protagonista decide desvestirse primero.

Dijimos que el amor se parece a la hipnosis, y aquí eso se ve claramente, en esa obediencia impensada que él tiene con esa mujer.

La cuestión es que la noche pasa y a la mañana siguiente, cuando todo termina, Julie se viste y le habla:

—¿Sabe? Yo soy una mujer como todas. Tengo caries, toso, me va a olvidar, quédese tranquilo… Ah, no se olvide de cerrar la puerta antes de salir.

Y se va.

He ahí la diferencia entre quien se relaciona desde el amor y quien lo hace desde el deseo. Y como las reglas son diferentes, sucede entonces que el juego puede volverse peligroso, porque en algún momento uno de los dos se arriesga a sufrir.

Hay quien se relaciona con alguien que está en pareja, por ejemplo, y dicen que el problema no es suyo porque él está solo y no traiciona a nadie, que es del otro; que se haga cargo, entonces.

Sin embargo, puede ocurrir que esa persona se enamore de ese otro que le proponía solamente pasarlo bien según las reglas del deseo. En ese momento comprobará que, en realidad, el problema sí era suyo. Porque llegado a este punto deberá desprenderse de esa relación que empieza a lastimarla, aparecerán los primeros conflictos y es posible, incluso, que el otro tema que todo salga a la luz y no sepa cómo cortar el vínculo.

Mariano, el paciente cuyo caso desarrollé en *Escucha tu dolor*, y de quien también hablamos antes, decía que había sido honesto y muy claro. Su amante sabía desde el primer momento cuál era su situación y la había aceptado. Entonces, no entendía por qué ahora le venía con todos esos reclamos.

Lo que él no comprendía era que muchas veces alguien acepta una situación pensando que va a poder manejarla, hasta que se le va de las manos y advierte una verdad dolorosa:

**No somos una unidad coherente. Vivimos atravesados por una permanente contradicción. Por eso, el cielo del pasado puede transformarse en el infierno del presente.**

«Ella lo aceptó», protestaba Mariano. Y me pregunto si es cierto que fue así. Si aquella mujer que dijo aceptar cuando tenía cinco años menos, no estaba enamorada y solo quería pasar un buen rato, es la misma que hoy sufre y demanda amor porque ya no le alcanza con ser la amante elegida por un hombre infiel.

## Entonces ¿ser infiel es algo que se elige?

Planteamos la idea de que la fidelidad es una elección personal y, de esa manera, introdujimos algo del orden de la libertad de cada sujeto sea para ser fiel o para no serlo. Pero me gustaría decir que:

**El libre albedrío no es más que un engaño; toda elección está condicionada.**

Esto se ve cuando una paciente, por ejemplo, habla y dice que su pareja hace tal o cual cosa o tiene esta o aquella actitud, y al escucharla intervenimos diciendo: «Ah, cómo su papá, ¿no?». Es allí donde cae en la cuenta de algo que quizás no había percibido y toma conciencia del porqué de una elección de pareja que creía haber tomado libremente y, sin embargo, estuvo condicionada por su historia y sus modelos de pareja, de hombre o de familia.

No obstante, cuando señalamos estas cosas, lo hacemos para que el paciente entienda la manera particular en la que se relaciona con los demás; el modo como desea e incluso la forma que toma su dolor. No lo hacemos para inhabilitarlo, excepto que esté adherido al padecimiento.

**Todos elegimos de acuerdo con un modelo que tiene que ver con eventos ocurridos durante nuestra primera infancia.**

Y nuestras elecciones se jugarán en favor o en contra de dichos modelos, pero siempre los tendrán en cuenta.

Alguien puede tener una pareja que sea una repetición del modelo familiar o, por el contrario, elegirla porque nada tiene que ver con el esquema vincular de sus padres. Pero siempre, más o menos, para un lado o para el otro, habrá algo que inconscientemente condicionará nuestras elecciones. Y el tema de la infidelidad no escapa a esto.

«¿Qué quieres? —me dijo un paciente—. Si yo aprendí a relacionarme así. Mi padre toda la vida humilló y maltrató a mi madre. Por eso no soporto los gritos y soy incapaz de ofender a mi esposa».

Pero resultaba ser que ese hombre le era infiel de un modo sistemático y no podía evitarlo, era algo casi compulsivo. En análisis, llegó a la conclusión de que la infidelidad era su manera de ejercer la humillación del hombre hacia la mujer.

No siempre que alguien engaña a su pareja lo hace buscando degradarla, pero en este caso, él lo vivía de esa manera.

¿Elegía la infidelidad? Sí y no. Porque, como dijimos, no hay una manera de elegir que sea totalmente pura y libre.

**Nadie surge de la nada. Todo sujeto deviene de una construcción en la que intervienen factores históricos, biológicos y culturales.**

Cada hombre se crio en algún lugar y a partir de ahí ha desarrollado una manera de sentir, una conducta y una forma de vérselas con su deseo.

¿Le quita eso responsabilidad sobre sus actos?

De ningún modo. Toda persona, sentenció Freud, es responsable hasta de lo que sueña.

## ¿Se puede volver de una infidelidad?

Por lo general, ser engañado genera un gran dolor. Es inevitable tener la sensación de que algo se ha roto y el valor y la confianza en uno mismo se ve menoscabada.

**La infidelidad produce una herida Narcisista y deja secuelas para siempre, porque son heridas que jamás se curan totalmente.**

De modo que esa persona tendrá que aprender a convivir con el hecho de no haber podido lograr su sueño: ser *todo* para el otro.

Dadas estas condiciones, ¿puede reintentarse una pareja después de una infidelidad?

No existe una respuesta que dé cuenta de modo cabal de esta interrogante. Cada sujeto es único, por eso hay parejas que, después de un arduo trabajo, pueden reconstruirse y otras que no pueden siquiera intentarlo y se separan. Pero hay un tercer grupo que resulta ser el más patológico. El de aquellos que no pueden resolver lo que pasó y, sin embargo, permanecen juntos. Se quedan y viven en un vínculo tenso, reprochándose lo que pasó aún muchos años después de ocurrido, con angustia y una rabia a flor de piel que surge ante la menor discusión.

Esa es la peor de todas las opciones.

**Es posible intentar la pareja aun después de una infidelidad. Pero requiere, de quien la ha sufrido, una profunda sinceridad para reconocer si puede perdonar el engaño y restablecer la confianza.**

Sin embargo, muchas veces a pesar de poner lo mejor de sí, el dolor no cesa. En esos casos, lo mejor es decir simplemente: «no puedo».

**No es sano sostener una familia a cualquier precio. Es mejor una buena separación que una mala convivencia.**

## OCTAVO ENCUENTRO

# AMORES QUE MATAN

*El impulso del amor, llevado hasta el extremo,*
*es un impulso de muerte.*

George Bataille

## Relaciones peligrosas

Unos capítulos atrás, al reflexionar sobre algunas cuestiones referidas a la Represión, nos apoyamos en una escena del film *El príncipe de las mareas.* Para acercarnos a la temática de las relaciones peligrosas, quisiera volver a esa película, haciendo foco esta vez en su primera escena.

Una cámara aérea sobrevuela un hermoso paisaje habitado de ríos y esteros que ilustra el relato en *off* del protagonista. Él cuenta que nació en un pueblo de pescadores y vivió en una casita blanca que su tatarabuelo ganó en un juego de lanzamiento de herraduras. La propiedad fue más tarde heredada por su padre, dueño de un barco camaronero que le permitía manejar en algunas ocasiones. Vemos imágenes de Tom y sus dos hermanos corriendo, jugando y todo parece ser un paraíso.

Hasta que la voz nos dice que ese hombre que lo llevaba al río y le dejaba conducir el barco podría haber sido un buen padre si no fuera porque era violento.

En ese momento, el director nos muestra desde fuera de la casa, ensombrecidas por las cortinas, una discusión en la que el marido acusa a su mujer de no respetarlo y ambos gritan hasta que se ve a los niños que abren la puerta y salen corriendo.

El personaje reflexiona que la mayoría de los niños no pasa por las cosas que pasaron ellos, que tienen una vida normal y rutinaria, y concluye: «Siempre he envidiado a esos niños».

Por último, describe a su madre: una mujer muy hermosa que solía llevar a sus hijos a expediciones por el bosque y acostumbraba reunirlos para contarles cuentos e inventar historias fantásticas que ellos seguían con atención y entusiasmo.

«Cuando era un niño —dice Tom, el protagonista— yo creía que mi madre era la mujer más maravillosa del mundo... no soy el primer niño que se equivoca al juzgar a sus padres».

Ya instalados en un clima pesado y un poco angustioso, nos enteramos de que esos tres hermanos habían inventado un ritual muy particular: se quitaban la ropa y corrían por el muelle hasta zambullirse en el agua. Una vez sumergidos, formaban un círculo tomados de la mano y permanecían allí todo lo que sus pulmones le permitían aguantar, hasta que ya no les quedaba más aire y se veían obligados a subir a la superficie para poder respirar. Ese era el juego que más les gustaba, porque debajo del agua existía un mundo silencioso y lleno de paz. Un mundo en el que no había padres.

Les pido que hagan el esfuerzo de captar la sensación de angustia y desprotección que tenían esos chicos. Su miedo, su vulnerabilidad y la necesidad de escapar, aunque no fuera por más de unos instantes, de una realidad cruel y amenazante. Una realidad hecha de relaciones violentas que ellos no podían evitar.

Elijo esta escena pues, por lo general, cuando hablamos de relaciones peligrosas, las imaginamos siempre dentro del marco de la pareja. El hecho de que sea un vínculo tan fuerte y pasional guía hacia allí nuestros primeros pensamientos cuando hacemos referencia a los celos, la dependencia o la agresión.

La pareja se ubica en el núcleo principal de nuestras relaciones, y eso no tiene por qué extrañarnos, ya que el mundo parece estar armado para ser vivido de ese modo. La sociedad propone un modelo de vida tan a la medida de dos que confunde no estar en pareja con estar solo, y esa supuesta soledad le resulta inexplicable e inquietante.

Siempre que alguien nos invita a una reunión o alguna fiesta pregunta con quién vamos a ir. Como si una persona no pudiera estar sola, ya sea porque lo elige o porque la decisión de otro lo ha dejado, como dice Serrat, «chupando un palo sentado, sobre alguna calabaza».

Para no caer en esa trampa, elegí como disparador una escena que plantea las relaciones peligrosas desde el marco de la familia de origen; ese primer lazo que establece una persona en la infancia con sus padres. Porque la influencia de este vínculo fundante tiene una importancia decisiva en el futuro emocional del sujeto.

## ¿Un chico que ha tenido una infancia violenta, será inexorablemente un hombre violento?

En realidad, esta pregunta conlleva una vieja discusión entre el libre albedrío y el determinismo. Y esto me plantea, como analista, una imposibilidad de tomar partido por una u otra opción.

Ya saben ustedes que el libre albedrío le supone al hombre la libertad para elegir las cosas de su vida, mientras que el determinismo sostiene, en cambio, que el destino ya está escrito y es inmodificable.

El Psicoanálisis no es una teoría determinista. Mal podría ser analista quien no creyera que es posible ayudar a alguien a que modifique su destino. Pero tampoco podemos sostener a rajatabla la postura en favor del libre albedrío, si como tal suponemos la libertad absoluta.

El sujeto, como ya dijimos, está sujetado a su historia, a su deseo, a su inconsciente y a las palabras que otros han volcado sobre él. Dentro de esa sujeción tiene un límite en el cual puede moverse y elegir qué tipo de vida o relaciones quiere para sí. Pero esa libertad jamás será completa.

No es tan fácil como suponer que alguien pudiera decir: «Estuve pensando y acabo de decidir que me voy a enamorar de un hombre que me pegue». No.

Por el contrario, atravesada por el dolor y la incomprensión, esa persona acude a análisis, dice que no puede explicarse por qué hizo ese tipo de elección y se pregunta de dónde le viene esa tendencia autodestructiva. Ocurre que muchas veces:

**Una elección de amor es un modo más en el que aparece el Inconsciente; una manera particular de recordar en acto algo que no pudo resolverse y tiene su origen en las relaciones más arcaicas.**

Por eso el análisis no se propone ir en busca del bienestar de una persona ni intenta que el paciente se sienta mejor o recupere un equilibrio perdido. De un análisis esperamos mucho más. Esperamos que cambie la vida y el destino de un paciente. De modo que no podemos pensar que ese destino ya está escrito y es inmodificable, pero tampoco ignorar que «nadie puede saltar por encima de sus rodillas» y, por ende, la libertad total es una utopía.

Ahora bien, nos preguntábamos si alguien que fue golpeado, necesariamente será un maltratador. Hay que decir que ese tipo de experiencias vividas en la infancia dejan huellas profundas de las que no es fácil desprenderse. Sucede que la violencia es un estilo más de comunicarse; tiene reglas propias y consecuencias tremendas, es cierto. Sin embargo, no por eso deja de ser un modo de relacionarse con otro.

La persona que grita, pega, e incluso quien es amenazado, está estableciendo una dinámica que sostiene el vínculo a un costo altísimo; un costo que no vale la pena pagar (para disgusto de los que sustentan lo maravilloso del amor incondicional). Y hay dos maneras diferentes de repetir este modelo en la adultez.

Una es quedarse en el mismo lugar del maltratado y elegir como pareja a una persona que le pegue o maltrate como lo hacían sus padres o sus abuelos en la infancia. En este caso, se repite de un modo exacto el lugar subjetivo en el que esa persona aprendió a relacionarse.

La otra es cambiar de lugar pero no de reglas. Es el ejemplo de aquellos que, habiendo sido golpeados, hoy son golpeadores: replican la forma de vincularse a través de la violencia, pero mudan de agredidos a agresores.

Ahora bien, ¿puede alguien que vivió tales situaciones traumáticas cambiar su destino de violencia por otro que tenga reglas más sanas y menos dolorosas?

Como dijimos, es la obligación de un analista evaluar en cada caso si existe esa posibilidad y trabajar en el intento de torcer lo que parece inevitable. Para lograrlo hay que recorrer un camino arduo que lleva muchas veces a cuestionar a los padres; momento que suele generar mucha angustia en los pacientes.

Es doloroso reconocer que se ha tenido padres enfermos. La tendencia general es justificarlos aludiendo a su ignorancia, al hecho de que trabajaban mucho, llegaban cansados y por eso tenían poca paciencia, o que ellos a su vez habían tenido que pasar por una infancia difícil.

Sin embargo:

El **primer paso que debe dar quien pretende escapar del modelo violento en el que fue criado, es reconocer que en esa dinámica algo estaba mal y permitirse el enojo, o incluso la vergüenza, que su familia de origen pudiera generarle.**

Cierta vez trabajé con un paciente que había tenido una infancia difícil en un hogar con mucha violencia psicológica. En ese punto del análisis, él había comprendido que repetía, aunque a su manera y de un modo mucho más sutil, aquellos mecanismos agresivos. Recuerdo que una sesión en la que estaba muy angustiado hablando del tema, me preguntó: «¿Y qué debería hacer, entonces... olvidarme de mis padres y cortar mi relación con ellos para siempre?».

Escribió Borges: «Solo una cosa no hay. Es el olvido». Comparto la sentencia y sostengo, junto con Freud, que «recordar es la mejor manera de olvidar». De modo que consideré que su pregunta aludía a un hecho imposible, ya que nadie puede ignorar voluntariamente su historia. No se puede olvidar a los padres; pero, lo que alguien sí puede hacer, es asumir que han sido enfermos, se relacionaron a partir de la agresión y el maltrato y decidir que no es ese el tipo de vínculos que desea y elige para su vida actual.

Ese mismo paciente manifestó que no podía alejarse, dejar de verlos y decir simplemente: «listo, ya está, no tengo más padres». Intervine aclarándole que no se trataba de eso, porque hacerlo sería una negación, un mecanismo de defensa que le impediría asumir lo que le había pasado. Claro que tenía padres, pero debía aceptar que tenía *esos padres*, y no iba a olvidarlos ni a deshacerse de ellos por más que decidiera no verlos más.

Como imaginarán, este hombre enfrentaba una decisión durísima, pero necesaria en su caso.

Interrumpió el contacto con ellos durante casi tres años. Hasta que un día, después de trabajar mucho en análisis y luego de haber resuelto algunas ataduras que lo ligaban a esos mandatos, en una pareja con la que se sentía feliz y alejado del modelo violento familiar, el paciente recuperó sus ganas de verlos... *aunque sea un ratito*, como decía.

Comprendió que trabajamos mucho:

**No todo el que ha sufrido violencia en su infancia debe ser agresor. No se trata de devolver ojo por ojo y diente por diente; tampoco de poner la otra mejilla y seguir permitiendo que se le lastime. La mejor manera es evitar el golpe. Y el único modo para lograrlo es no estar allí cuando ese golpe llega. Es decir, no quedarse ni participar en vínculos que se comunican a partir de la agresión.**

Muchos padres, al ver las cosas de las que son capaces sus hijos se preguntan: «¿Qué habré hecho de malo para que me saliera así?».

Esa es, en general, una pregunta retórica que espera una respuesta segura: nada.

Sin embargo, no estaría mal sostener la interrogante y cuestionarse seriamente qué hechos de la infancia de ese hijo han originado sus conductas presentes y cuánto tienen que ver esos padres con la realidad de la cual hoy se quejan.

## En algunos momentos, la cultura ha avalado la violencia

La verdad es que la infancia de este paciente no es una excepción. Por el contrario, la historia de la violencia de los padres con sus hijos ha tenido un consenso imperdonable a lo largo de la historia.

Pensemos un segundo en la palabra *chirlo*. Observen cómo suena casi cariñosa o juguetona. Y no tiene que ver con una mera casualidad sonora, sino con la voluntad de dulcificar un hecho agresivo. ¿Quién no ha escuchado decir alguna vez que un *chirlo* a tiempo viene bien… que no le hace mal a nadie?

Aún hoy, a pesar del avance de la psicología y la pedagogía en el mundo, cuesta desandar ese viejo camino que veía normal el uso de la violencia por parte de los padres hacia los hijos.

Recuerdo a un paciente que manifestó con orgullo que su padre le pegó hasta los veinte años, concluyó que por eso él había salido tan derecho… es decir, «sin posibilidad de elegir ninguna curva»… El paciente era homosexual y, aunque ya dijimos que es una elección de amor perfectamente sana, este desdén por las curvas no había sido un mandato menor en su vida.

La actriz Niní Marshall creó un recordado personaje, Catita; una mujer un poco cursi, de clase humilde y poca instrucción, pero con mucho coraje y una enorme dignidad. En una de sus películas hay una escena en la que un hombre la hace a un lado con un pequeño empujón y ella, enojada, lo mira y dice: «Oiga, diga… tenga cuidado, que yo ya tengo marido para que me pegue».

Fíjense qué graciosa es la escena, pero qué significativo, a la vez, resulta que en el imaginario social el marido tuviera el derecho de pegarle a su mujer. Esta idea sostenida por muchos años, desgraciadamente no ha sido del todo superada y, aún hoy si una mujer cuenta que su marido la ha golpeado no es extraño que reciba como respuesta el siguiente comentario: «Pero... ¿por qué se enojó tanto? ¿Qué le hiciste?».

Estas preguntas, que a veces son formuladas sin ninguna mala fe, no hacen sino develar una idea inconsciente que todavía recorre muchos sectores de la sociedad: la persona golpeada es de algún modo responsable por lo que le ha pasado; una variante más del fatídico: «algo habrán hecho».

Por suerte, las sociedades avanzan y en ese camino han empezado a darle un lugar a estos reclamos. Hoy se ha instalado la cuestión de la violencia de género como algo primordial y ese aporte no es menor. La violencia de género ocupa un lugar importante en la conciencia general. Hay ONG que se ocupan del tema, los medios los dan a conocer y se intenta concientizar a las víctimas para que sepan que tienen el derecho a pedir ayuda. El estado y la cultura están alertas y, si bien el tema está lejos de encontrar una solución definitiva, no es menos cierto que ya nadie lo ve como algo natural y justificable. «Ni una menos». Ésa consigna es hoy la lucha de todos aquellos que dignifican la vida, la sanidad y el respeto.

Por lo general, la violencia es ejercida por el más fuerte sobre el débil. De allí que las víctimas más comunes sean los niños, los ancianos y las mujeres, porque resulta más fácil pegarle a un chico que a un grande, a un viejo que a un joven y a una mujer que a un hombre.

Esto no implica que no haya *golpeadoras*, ni mucho menos niega la existencia de la violencia psicológica, algo en lo que las mujeres pueden ser tan crueles como los hombres.

No son pocas las veces que el maltrato aparece bajo la forma de la palabra, y ya hemos resaltado en este libro cómo el lenguaje tiene el poder de lastimar a una persona y condicionar su destino.

Un paciente joven, profesional, que se desempeñaba como empleado jerárquico en una empresa multinacional, me relató que su esposa, a la que describía como una mujer afectuosa y compañera, solía enojarse y recriminarle que era siempre el mismo dejado, que no sabía defenderse y por eso su jefe hacía con él lo que quería. Ahí podemos observar un acto de violencia disimulado, oculto detrás de un tono tranquilo y una actitud de crítica reflexiva. Para él, esas palabras eran dardos que lo humillaban y herían su narcisismo.

Muchos establecen ese tipo de vínculos que no dañan el cuerpo, pero cuya peligrosidad es tal que generan insatisfacción y dolor psíquico permanentes.

Por eso, es importante prestar atención a las conductas violentas en cualquiera de sus manifestaciones, independientemente de que venga de un padre a un hijo, de un joven a un anciano o de un hombre a una mujer.

**La violencia es violencia por el modo de relación que establece y el daño que causa y no por las características de los actores en juego.**

## El dolor de Luciana

En el libro *La respuesta está en ti*, conté el caso de una paciente joven a la que llamé Luciana.

Luciana llegó a la primera entrevista angustiada y casi sin poder hablar. Dijo que era una basura y se reconoció culpable de todo lo que le ocurría. En un momento hizo algo totalmente inesperado. Desabrochó uno de los botones de su camisa, la abrió apenas y me mostró un moretón; prueba innegable de que estaba siendo golpeada.

No es sencillo ver algo así y mantener la calma. Por el contrario, tuve una sensación de rabia e impotencia que se acrecentó aún más cuando adujo que se lo merecía porque era mala.

Supe después que su familia la acusaba de haber abandonado a su madre cuando se había enfermado. El novio, lejos de contenerla, era quien la golpeaba. Y eso no era todo. En ocasiones, la obligaba a cumplir algunas fantasías sexuales que ella no deseaba en lo más mínimo, pero a las que accedía para no contradecirlo.

Fue un largo camino el que nos permitió sacar a la luz cuál era el origen de la sensación de ser merecedora de castigo y de su falta de autoestima: un secreto familiar jamás contado.

A pesar de los años dedicados a la práctica clínica, experimento un impacto muy fuerte al estar frente a alguien maltratado, física o psicológicamente. Sin embargo, sé que no puedo quedar preso de esa angustia, y debo ponerme a trabajar con todas las herramientas que tenga al alcance para conmover al paciente y ayudarlo a correrse de ese lugar de sufrimiento.

A lo largo de mi práctica analítica he descubierto que, en ocasiones, la sensación de culpa es tan grande que la persona no está dispuesta a abandonar el rol de maltratado. En esos casos he optado por interrumpir el tratamiento.

**En análisis no se trata de brindar un espacio que aloje la queja o la catarsis del paciente, sino de ayudarlo a modificar el lugar subjetivo en el que está posicionado.**

**Si no quiere o no puede hacerlo, sostener el tratamiento deja al analista entrampado como testigo mudo y pasivo de un hecho de violencia. Lo que genera entre paciente y pro-**

**fesional un vínculo perverso que de ninguna manera se debe permitir.**

Volviendo a Luciana, le llevó mucho tiempo decidir que nunca más permitiría que volvieran a tratarla de ese modo. Comprendió que el lugar para hacerse cargo de sus culpas, si es que existían motivos para ella, era el diván, no su casa, y que la palabra era el medio para lograrlo, no los insultos o golpes que recibía.

Cuando por fin tuvo el coraje de comunicar a su novio que lo denunciaría en caso de que volviera a agredirla, él se rio y dijo que podía delatarlo todas las veces que quisiera; de todos modos, «no iba a pasar nada».

¿Quién no ha escuchado decir que es inútil denunciar un acto de violencia familiar; que lo único que la víctima logrará con esa actitud es que el agresor se enoje aún más y cuando vuelva de la comisaría, todo será peor?

Dadas estas creencias, no resulta extraño que muchas de las agresiones no se denuncien nunca. Sin embargo, hay otra razón, no menos grave, que explica el silencio de quien sufre el daño: en este tipo de delitos suele ocurrir que sea la víctima quien tiene vergüenza y no el victimario.

Nadie se siente avergonzado luego de haber sufrido un robo o una golpiza en bola. En cambio, quien sufre una violación o es golpeado sistemáticamente por alguien de su entorno íntimo sí, y por eso esconde el ultraje del que está siendo víctima.

Resulta indignante que sea así. Pero los tiempos de las sociedades son distintos al de los hombres y, por ende, los cambios se van dando de a poco.

Hasta hace unos años las mujeres no votaban, una persona no podía divorciarse y estaba condenada a sostener toda la vida una decisión tomada, quizás, a los veinte años, la patria potestad no era compartida y el matrimonio igualitario, como dijimos, aún está en pañales.

Ocurre que la ley siempre va detrás de la realidad porque no puede legislarse lo que aún no ha pasado. Hasta que se produjo el primer robo nadie hubiera pensado en promulgar una ley que lo prohibiera.

Así funcionan las cosas. Por suerte, la instalación de la temática de la violencia de género ha impulsado modificaciones que dan cuenta de que la sociedad ha comenzado a hacerse cargo de una realidad que demandaba alguna respuesta para un problema tan grave. Ya no desalientan en la comisaría a la mujer que va a denunciar una agresión, sino que, por el contrario, la asesoran, la protegen y ya nadie mira con naturalidad que un padre golpee a sus hijos.

Hay quienes sostienen «que el mundo está cada vez peor». Por el contrario, creo que las sociedades van evolucionando, con sus tiempos; de modo tal que sin ser el nuestro un mundo perfecto —jamás lo será— al menos ya no mandan a las histéricas a las hogueras y nadie soportaría, sin asombro al menos, que ocurrieran las atrocidades cometidas durante la Edad Media.

Sigmund Freud, el creador del Psicoanálisis, atravesó muchos momentos difíciles en su vida. La muerte de una hija, sus hermanos exterminados por el antisemitismo, sus hijos detenidos e interrogados. Los nazis lo declararon enemigo del régimen y quemaron todos sus libros en una hoguera pública.

Sin embargo, sostuvo que, por suerte, la humanidad había progresado: «Durante la Edad Media me hubieran quemado a mí. Ahora se contentan con quemar mis libros».

Pero debo confesar que mis ilusiones tienen un límite cercano, pues sé que jamás podrá eliminarse el malestar que produce vivir en la cultura.

## Violentar a otro es no respetar sus deseos

Hemos dicho repetidas veces que el hombre es un sujeto del deseo y no de la necesidad, algo que se ve claramente por la manera en que han evolucionado las reglas en las relaciones de pareja.

Hasta hace poco la mujer necesitaba del hombre para subsistir. Por eso, cuando se acercaba a los treinta años y estaba soltera, su entorno empezaba a preocuparse.

—¿No serás demasiado pretenciosa? —le decía la madre a una de mis pacientes.

Por ese entonces la mujer era un sujeto de quien alguien debía hacerse cargo; en un principio el padre, más tarde el esposo. Y es obvio que una situación así instaura una condición de dependencia, porque quien se hace cargo de alguien adquiere derechos sobre él.

Por ejemplo, los padres, cuando su hijo es menor de edad, ejercen ese derecho que les genera, a su vez, obligaciones, y colocan al joven en una situación de inferioridad. En este caso no existe nada de patológico; de hecho, la relación entre padres e hijos siempre será asimétrica. En cambio, cuando esto se da en una relación que debería ser de paridad, como la pareja, estamos ante un acto agresivo.

Por fortuna, esta manera de relacionarse ha cambiado y las mujeres superaron esa relación de dependencia. Hoy, una mujer de treinta años no está pensando quién va a mantenerla sino qué hará para mantenerse a sí misma: qué va a estudiar, de qué desea trabajar e incluso si quiere casarse o tener hijos. Cosas que eran impensadas hace apenas cincuenta años.

**El hecho de que la mujer ya no necesite del hombre, lejos de ser algo menor, pone a ambos ante el maravilloso desafío de construir juntos una relación sustentada en el deseo.**

Resulta gratificante comprobar que dos personas que no se necesitan para vivir elijan, de todos modos, estar juntos solo porque la vida es mucho más linda si la comparten que si están separados. Sostener esta decisión los obliga a seducir, escuchar y hacer esfuerzos por comprenderse y establecer acuerdos de pareja.

Una de mis pacientes me contó que noches atrás, antes de acostarse, se acercó a su marido, que leía en la sala, y le preguntó si no quería quedarse a dormir con ella esa noche.

Obviamente se trataba de un juego de seducción, dado que el esposo vive allí. Aun así, resulta maravilloso que alguien pueda ejercer el derecho de decir al otro que todavía lo quiere en su vida y lo sigue eligiendo.

En momentos más injustos de la historia, si una mujer quería separarse no tenía adónde ir, a no ser que volviera a casa de sus padres, si ellos se lo permitían. Por suerte ese ya no es un problema, dado que puede mantenerse sola y tener una vida autosuficiente y plena, lo cual pone en juego algo mucho más sano: el deseo.

**La necesidad es uno de los pocos rasgos animales que nos queda; respirar o alimentarnos, por ejemplo. Pero cuando esa necesidad se instala en el ámbito del amor, todo se corrompe. El deseo, en cambio, introduce la capacidad de elegir y es allí donde podemos escapar del encierro del mandato.**

Retomando, tanto el violento como el posesivo carecen de respeto por el deseo ajeno. Esto que de alguna manera fue apañado o al menos, silenciado en otros tiempos, es algo de lo que ahora se habla mucho. Por eso, no es igual la situación de la mujer que en los años treinta soportaba una bofetada que aquella que lo hace hoy. Esta aberración ya no forma parte de los usos corrientes y la resolución de quedarse no responde a una dificultad de la época sino a una conducta derivada del propio sujeto; algo de lo cual debe hacerse cargo para poder cambiarlo. Con esto no estoy culpabilizando a la víctima. Por el contrario, es una invitación a que se hagan cargo de sus vidas y las conduzcan por los caminos que elijan. Es su derecho y no deben renunciar a él.

## La violencia también tiene un comienzo

Es muy común que alguien no dé importancia a las primeras señales que delatan la presencia de una conducta violenta. La experiencia demuestra que es poco frecuente que el maltrato comience con una agresión física. Por lo general, aparecen con anterioridad algunos signos más sutiles: un insulto, un portazo o una mala contestación a los que no se le dio la debida magnitud.

En el caso de Luciana, la primera situación que recordó tuvo que ver con un enojo que surgió por una causa insignificante. En esa discusión su novio se puso muy tenso y le gritó que se fuera y saliera de su vista.

Semanas después, cuando salía rumbo al trabajo, él la tomó con fuerza del brazo y la detuvo diciéndole que nadie lo dejaba con la palabra en la boca.

El último aviso ya fue mucho más claro. Pelearon porque ella había llegado tarde luego de ir al cine con una amiga. Su pareja la acusó de estar con otro hombre y le advirtió que se cuidara mucho porque ella «no sabía de lo que era capaz».

En la próxima discusión la tomó del cabello y la golpeó por primera vez.

Observen cómo la violencia suele ir creciendo si no se le detiene a tiempo. Se comporta como si fuera un alud de piedras que caen barranca abajo y aumentan de velocidad y fuerza en su recorrido hasta el instante del impacto final. Por eso, el momento de marcar las pautas de una relación es al comienzo. Es ante la aparición de ese primer grito o insulto cuando alguien debe actuar con firmeza. Recuerdo el caso de un paciente cuya esposa aumentaba el tono de cada discusión hasta llegar al grito. Cuando eso se producía, él interrumpía inmediatamente el diálogo diciendo: «yo, en estas condiciones, no voy a seguir hablando».

Una discusión puede ser algo productivo, pero jamás lo será un insulto. Por el contrario, este genera en el agresor la tentación de avanzar, de ir por más, porque con cada uno de estos actos va perdiendo el respeto por el otro.

En situaciones como estas podemos observar lo peligroso de la idealización del amor.

**A la hora de construir un vínculo sano y maduro, con el amor no basta.**

Haciendo una analogía matemática, podríamos decir que el amor es condición necesaria pero no suficiente para que un vínculo sea viable. Pongamos un ejemplo.

Es necesario que una figura geométrica tenga cuatro lados para que sea un cuadrado, pero no basta con eso. Además, es condición que esos cuatro lados sean iguales y que todos los ángulos sean rectos. De no ser así, no habrá un cuadrado por más que tenga cuatro lados.

Lo mismo podríamos decir de la relación entre los vínculos y el amor. Es fundamental amar a alguien para construir algo en común, pero no alcanza con eso. Si no hay respeto y confianza, por ejemplo, no aparecerán en esa unión las condiciones necesarias para generar un lazo saludable.

Sin embargo, después de tanto sostener la idea de que el amor todo lo puede, no es extraño que alguien intente sostener una relación a cualquier costo solo porque está enamorado, aún en casos en los que lo más sensato sería hacer el duelo por la ruptura, librarse de ese vínculo patológico y construir uno nuevo con reglas más sanas.

Pero claro, nos fue dicho también que es hermoso amar con locura. Si se tratara solo de una metáfora, no habría problemas; en cambio, cuando esa máxima se encarna en la realidad, la situación se vuelve peligrosa.

Es necesario quitar de la locura esa mirada romántica que ve en ella visos de genialidad o excentricidad. Muy por el contrario, es algo doloroso que lastima al enfermo, su entorno y no hay nada de atractivo ni envidiable en ella.

**Amar con locura es muy fácil. Basta con entregarse sin oponer resistencia a lo peor de nosotros. Lo realmente difícil es amar sanamente.**

Porque hacerlo implica controlar la ira y el malhumor, poner palabras en lugar de actos y comprender que cuando la pasión está al servicio del erotismo puede llevar a disfrutes maravillosos; en cambio, cuando se vuelca en discusiones y peleas suele tener consecuencias lamentables.

La pasión puede desplazarse por diferentes afectos y mezclarse de un modo indiscriminado; de allí que haya parejas que después de peleas en las que no faltan los gritos e incluso el maltrato físico, terminen teniendo relaciones sexuales. Es como si la situación de violencia los erotizara. Y es posible que así sea:

**Muchas veces la violencia es una manera enferma de incentivar la excitación.**

En esos casos, el ardor aflora de una forma destructiva. Lo cual nos lleva a la conclusión de que, así como el amor, tampoco la pasión es de por sí buena o mala.

Recuerdo que siendo chico asistí a un encuentro en el cual un sacerdote nos habló de «la Pasión del Cristo». Sentado en un banco escuché su relato; primero con curiosidad, luego con atención y finalmente con horror. Y ciertamente no entendí qué de todo lo que acababa de contarnos podía haber sido erotizante para Jesús. Tiempo después comprendí que *pasión* significa también padecimiento.

Resulta interesante que se utilice una misma palabra para hablar del máximo placer y del máximo dolor: pasión. Es el modo en que el lenguaje desnuda la dualidad esencial que recorre al ser humano: Eros y Tánatos habitando en su sangre; la pulsión de vida que enfrenta y a la vez se entremezcla con la pulsión de muerte.

## ¿Puede cambiar una persona violenta?

El cambio es posible, pero muy difícil. Si llega, será fruto de un proceso que implica, antes que nada, reconocer la enfermedad y luchar hasta lograr el control de los impulsos agresivos.

**Nadie cambia porque sí. En psicología no existen los milagros.**

Pensemos que, si ni siquiera el menor de los hábitos puede modificarse de un día para el otro, mucho menos algo tan arraigado en la personalidad.

Retomemos el caso clínico.

En el último tiempo de su relación, intuyendo que ella estaba a punto de denunciarlo, el joven prometió a Luciana que sería una persona distinta a la que había conocido hasta ese momento.

«Hablamos y me juró que cambiaría —me dijo en una sesión—. Y lo ha logrado… de verdad parece otro».

No creí en su promesa. Por supuesto que *parecía* otro, porque estaba fingiendo ser quien no era.

Por miedo a que lo echara de la casa o fuera a la policía, había alterado sus actitudes de un modo exagerado. Ese no era un cambio; era apenas una mentira, como quedaría demostrado poco tiempo después.

Sin embargo, existe algo tanto o más importante que preguntar si la persona con la que estamos puede cambiar su conducta agresiva. Y es entender que toda persona puede elegir en qué vínculo quedarse y en cuál no.

De todos modos, hay algo que admitir:

**Si alguien sostiene una relación violenta es porque en algún punto está implicado en ese modelo enfermo de vincularse; y es preferible trabajar sobre uno mismo y analizar el porqué de esas elecciones, en lugar de esperar que el cambio se produzca en el otro.**

# A MODO DE CIERRE

*El universo es una inmensa perversidad*
*hecha de ausencia.*
*Uno no está casi en ningún lado.*
*Sin embargo, en medio de las infinitas*
*desolaciones hay una buena noticia: el amor.*

ALEJANDRO DOLINA

## ¿Qué es la Pulsión de Muerte? (o por qué elegimos sufrir)

Sería difícil desarrollar un concepto tan complejo en el atardecer de este libro. Para los que sientan interés en el tema los remito al texto «Más allá del principio de placer», de Sigmund Freud.

Pero digamos al menos que, así como desde lo biológico nacemos con el germen de nuestra propia destrucción, es decir, que llevamos en nosotros la información que le indica a nuestras células que deben envejecer y morir, también desde lo psicológico existe una fuerza que apunta al aniquilamiento personal.

En capítulos anteriores lo llamamos Inconsciente Estructural: una fuerza que impulsa a elegir lo que lastima y repetir esa elección una y otra vez.

Por eso hay quienes se relacionan de un modo enfermo y, a partir de ese modo de vincularse, aparecen los celos, la posesión, los amores incondicionales o las relaciones violentas de las que hemos estado hablando.

Espero haber dejado en claro lo siguiente:

**Quien elige un vínculo patológico satisface a una parte de sí mismo: su pulsión de muerte. Y el precio de esa satisfacción es el padecimiento.**

Este libro ha tratado acerca de esto.

No ha sido el intento de volcar una mirada cínica del amor, sino pensar y arrimarnos a los bordes de un tema tan fundamental y complejo que excluye todo saber posible.

Por eso hemos cuestionado los lugares comunes que atraviesan el decir cotidiano y muchas veces nos hacen tomar decisiones equivocadas.

**No es cierto que el amor todo lo puede. No es cierto que el que ama no puede engañar. No es cierto que a la relación amorosa no haya que ponerle condiciones. No es cierto que el amor y el deseo vayan siempre de la mano. Pero decir que todo esto no es cierto no implica que sea imposible.**

## El arte de amar

Seguramente muchos hayan leído o al menos escuchado hablar del libro de Erich Fromm llamado *El arte de amar*. Les confieso que siempre me ha gustado ese título. Porque pensar al amor como un arte es pensar al enamorado como un artista; alguien que construye una obra, la cuida, vuelve sobre sus pasos y se corrige, se mejora e intenta dar lo mejor de sí para que el fruto de su trabajo sea algo noble y bello.

Ese es el desafío de toda persona que intenta construir una relación sana, se trate de una pareja, una amistad o, incluso, un vínculo tan primario como el de padres e hijos.

*El desafío de amar* ha sido una invitación a reflexionar sobre el amor resistiendo la tentación de caer en los tópicos que lo idealizan y conciben como fuente de toda felicidad; una fuerza que todo lo vence.

Lejos de eso, he tratado de pensarlo tal como lo veo a diario en la vida de los hombres; produciendo sueños y desilusiones, placeres extremos y dolores insoportables.

En este recorrido hemos hablado de los celos y el deseo, de la infidelidad y la violencia, de la pareja y la sexualidad, del enamoramiento y la ilusión vana de hacer de dos uno.

No ha sido mi interés generar la idea de que el amor no existe o es algo sin importancia. Pero ocurre que:

**Solo una cosa es capaz de producir tanta angustia como la muerte: el amor.**

Para concluir, quisiera relatar un suceso que recordé durante uno de aquellos encuentros. La historia de amor, deseo y sexo más fuerte que conocí en mi vida.

Me tocó presenciarla y, de algún modo, fui parte de ella. Hoy quiero compartirla con ustedes. Es mi manera de decirles que está bien soñar con encontrar el amor. Siempre y cuando, el amor sea esto:

## La vieja traviesa

Hace muchos años, cuando era un psicólogo muy joven, trabajé en algunas residencias para adultos mayores. Era más o menos fácil emplearse en esos lugares, porque eran pocos los profesionales que deseaban ocuparse de los ancianos. Prejuicios, o tal vez, una manera de protegerse. Es muy difícil ver morir a un paciente y, por cuestiones obvias, en esas instituciones es algo que ocurre con frecuencia.

Recuerdo que en uno de los hogares estaba internada una mujer de 98 años.

Yo hacía mi recorrido habitual y visitaba a las ancianas en sus habitaciones; a todas menos a ella. No quería incomodarla porque creía que era ya demasiado grande. Hasta que un día me mandó llamar y me dijo:

—Veo que usted viene siempre acá y habla con todas, excepto conmigo, y me gustaría hacerle una pregunta. Dígame —me miró fijo—, ¿cree que porque soy vieja no tengo nada importante que decir?

Su cuestionamiento me sorprendió. Permanecí en silencio unos segundos y me disculpé. Le dije que no era eso lo que pensaba, solo que no había querido molestarla.

—Escúcheme —me interrumpió—. Se habrá dado cuenta de que ya no me queda mucho tiempo, ¿no?

Asentí.

—Bueno, entonces ayúdeme. Tengo muchas cosas pendientes, y no quisiera irme de este mundo sin haber intentado al menos hacer algo con eso.

A partir de ese día trabajamos juntos durante casi un año. Realmente tenía mucho para hablar. Por suerte me lo pidió y espero haber hecho lo suficiente por ella.

Sin embargo, no es esa la historia que quiero contarles, sino otra, ocurrida en otra residencia para adultos mayores.

Muchos de ustedes trabajarán o lo habrán hecho en alguna institución, y sabrán que lo primero que debe hacer quien trabaja en un establecimiento al ingresar es ir a la cocina, porque allí están al tanto de todo lo que ocurre. Más que los médicos, incluso.

Llegué, entonces, una mañana, me dirigí al lugar y, como era habitual, le pregunté a la cocinera:

—Y, Betty… ¿alguna novedad?

—Sí, doctor —me llamó así, aunque soy licenciado—. ¿Ya vio a la vieja traviesa?

—No —le dije asombrado—. ¿Entró una abuela nueva?

—Sí, una viejita picarona.

Me quedé tomando unos mates con ella y no volví a tocar el tema hasta que ingresó la enfermera y me interrogó:

—Gaby, ¿ya viste a la traviesa?

—No —le respondí.

—Tienes que verla. Se llama Ana.

Me llamó la atención que utilizara para referirse a ella el mismo término que había usado la cocinera: *traviesa*. Lo cierto es que habían conseguido despertar mi interés por conocerla. De modo que hice mi recorrido habitual y dejé para el final la visita a la habitación en la que estaba Ana.

Durante esa hora me estuve preguntando de dónde vendría ese mote: vieja traviesa. Supuse que probablemente se tratara de una mujer que, cuando joven, había trabajado en un cabaret, o tendría muchas historias de alcoba. Pero no era así.

Cuando entré en su habitación me encontré con alguien deprimido que casi no podía hablar a causa de la tristeza. Su imagen no podía estar más lejos de la de una vieja traviesa. Me acerqué a ella, me presenté y le pregunté qué le pasaba.

No quiso hablar demasiado; apenas si me respondió algunas preguntas por una cuestión de educación. Pero un analista sabe que esto puede ser así, que a veces es necesario tiempo para establecer el vínculo que el paciente requiere para poder hablar. Y me dispuse a darle ese tiempo. De modo que la visitaba cada vez que iba y permanecía en silencio a su lado. A veces le canturreaba algún tango. Y, allá como a la séptima u octava de mis visitas, Ana habló:

—Doctor, le voy a contar mi historia.

Dijo que, como se acostumbraba en su época, se había casado siendo muy jovencita, a los 16 años con un hombre que le llevaba cinco.

Yo la escuchaba con profunda atención.

—¿Sabe? —me miró como avisándome que iba a hacer una confesión—, yo me casé con el único hombre que quise en mi vida, el único hombre que deseé en mi vida, el único hombre que me tocó en mi vida y es el hombre al que amo y con el que quiero estar.

Me contó que su esposo estaba vivo. Ella tenía 86 años y él 91 y, como estaban muy grandes, sus familiares pensaron que era un riesgo que estuvieran solos, razón por la cual decidieron internarlos en una residencia para adultos mayores. Pero como no encontraron cupo en un hogar mixto, a ella la alojaron en el que yo trabajaba, y a él en otro. Ella en provincia y él en la capital. Es decir que, después de setenta años juntos los habían separado. Lo que no habían podido hacer ni los celos, ni la infidelidad, ni la violencia, lo había hecho la familia.

Y ese viejito, con sus 91 años, todos los días se hacía llevar por un pariente, un amigo o un chofer en el horario de visita, para ver a su mujer.

Los veía agarrados de la mano en la sala de estar o en el jardín, mientras él le acariciaba la cabeza y la miraba. Y cuando se tenían que separar, la escena era desgarradora. El abrazo se hacía interminable. Jamás olvidaré sus ojos.

¿De dónde venía el apodo de vieja traviesa? —Se preguntarán—. Del hecho de que, como el esposo iba todos los días a verla, ella había pedido permiso a las autoridades de la residencia para adultos mayores a fin de que, al menos una o dos veces por semana, los dejaran dormir la siesta juntos. Y, entonces, ellos dijeron:

—Ah, bueno… mira nada más, la vieja traviesa.

Ana me lo contó con mucha angustia y un poco de vergüenza. Sin embargo, lo que más me conmovió fue que agachara la cabeza y dijera:

—Doctor, ¿qué vamos a hacer de malo a esta edad? Lo único que quiero es volver a poner la cabeza en el hombro de mi viejito; que me acaricie el pelo y la espalda, como hizo siempre. ¿Qué miedo tienen? Si ya no podemos hacer nada de malo.

Conteniendo la emoción, le apreté la mano, le pedí que me mirara y le dije:

—Ana, lo que usted quiere es hacer el amor con su esposo. Y no me venga con eso de ¿qué van a hacer de malo? Porque es maravilloso que usted, setenta años después, siga teniendo las mismas ganas de besar a ese hombre, de tocarlo, de acostarse con él y que su esposo también la desee a usted de esa manera. Y esas caricias, y su cara sobre la piel de sus hombros, es el modo que encontraron de seguir haciéndolo a esta edad. Pero, déjeme decirle algo: es su derecho, hágalo valer. Pida, insista y moleste hasta conseguirlo.

Y la abuela molestó.

Recuerdo que el director de la residencia para adultos me llamó a su oficina para preguntarme:

—¿Tú le dijiste algo a la vieja?

—Nada —respondí haciéndome el desentendido—. ¿Por qué?

La cuestión fue que, junto con la asistente social del hogar en el que estaba su esposo, nos propusimos encontrar un geriátrico mixto para que estuvieran juntos. Corríamos contra el reloj y lo sabíamos. Tardamos cuatro meses en encontrar uno.

Sé que, dicho así, parece poco tiempo. Pero cuatro meses cuando alguien tiene más de noventa años, podía ser la diferencia entre la vida y la muerte. Además, ella estaba cada vez más deprimida y yo tenía mucho miedo de que no resistiera tanto dolor. Pero resistió.

El día en el que se iba de nuestro geriátrico fui muy temprano para saludarla, y en cuanto llegué, la cocinera me salió al cruce y me dijo:

—No sabes. Desde las seis de la mañana que la vieja está con la maleta lista al lado de la puerta. —Yo me reí.

Entonces fui hasta su cuarto para despedirme.

—Anita, se me va.

Ella me miró emocionada y me respondió:

—Sí, doctor... Me regreso a vivir con mi viejito. —Y se echó en mis brazos llorando.

La abracé muy fuerte.

—Ana —le dije—. Quiero que sepa que nunca me voy a olvidar de usted.

Y, como verán, no le mentí.

Jamás me olvidé de ella, porque aprendí a quererla y respetarla por su lucha, por la valentía con la que defendió su deseo y porque, gracias a esa vieja traviesa, pude comprobar que todo lo que había estudiado y en lo que creía, era cierto:

**La sexualidad nos acompaña desde el primer suspiro hasta el último de nuestros días, y vale la pena pelear por lo que se desea, aunque se deje la vida en el intento.**

Y además, porque esa mujer de 86 años me demostró que, a pesar de todas las dificultades:

**Cuando alguien es capaz de amar con nobleza, puede que enamorarse sea algo maravilloso y que el amor y el deseo caminen juntos para siempre.**

Gabriel Rolón
Marzo de 2012

# AGRADECIMIENTOS

A Gustavo Fulchi, que acompañó mis primeros pasos en el diván.

A David Laznik, que sostuvo conmigo ese espacio en el que seguí escuchando a mi inconsciente.

A Nacho y Mariano por apoyar, como siempre, cada uno de mis sueños.

A Natu y Roberto, impulsores de esta aventura.

A Sonia, Charlie, Edgardo y Belén.

A Cynthia, por este milagroso *Encuentro.*